心一堂術數古籍珍本叢刊

書名：羅經消納正宗
系列：心一堂術數古籍珍本叢刊　堪輿類　第二輯　155
作者：【明】沈昇撰、【明】史自成、丁孟章　合纂
主編、責任編輯：陳劍聰
心一堂術數古籍珍本叢刊編校小組：陳劍聰　素聞　鄒偉才　虛白盧主

出版：心一堂有限公司
通訊地址：香港九龍旺角彌敦道六一〇號荷李活商業中心十八樓〇五—〇六室
深港讀者服務中心・中國深圳市羅湖區立新路六號羅湖商業大廈負一層〇〇八室
電話號碼：(852)67150840
網址：publish.sunyata.cc
電郵：sunyatabook@gmail.com
網店：http://book.sunyata.cc
淘寶店地址：https://shop210782774.taobao.com
微店地址：https://weidian.com/s/1212826297
臉書：https://www.facebook.com/sunyatabook
讀者論壇：http://bbs.sunyata.cc/

版次：二零一九年四月初版
平裝

定價：港幣　一百五十八元正
新台幣　五百九十八元正

國際書號：ISBN 978-988-8582-68-6

香港發行：香港聯合書刊物流有限公司
地址：香港新界大埔汀麗路36號中華商務印刷大廈3樓
電話號碼：(852)2150-2100
傳真號碼：(852)2407-3062
電郵：info@suplogistics.com.hk

台灣發行：秀威資訊科技股份有限公司
地址：台灣台北市內湖區瑞光路七十六巷六十五號一樓
電話號碼：+886-2-2796-3638
傳真號碼：+886-2-2796-1377
網絡書店：www.bodbooks.com.tw
台灣秀威書店讀者服務中心：
地址：台灣台北市中山區松江路二〇九號一樓
電話號碼：+886-2-2518-0207
傳真號碼：+886-2-2518-0778
網絡書店：http://www.govbooks.com.tw

中國大陸發行　零售：深圳心一堂文化傳播有限公司
深圳地址：深圳市羅湖區立新路六號羅湖商業大廈負一層〇〇八室
電話號碼：(86)0755-82224934

心一堂微店二維碼

心一堂淘寶店二維碼

心一堂術數古籍珍本/整理叢刊總序

術數定義

術數，大概可謂以「推算（推演）、預測人（個人、群體、國家等）、事、物、自然現象、時間、空間方位等規律及氣數，並或通過種種『方術』，從而達致趨吉避凶或某種特定目的」之知識體系和方法。

術數類別

我國術數的內容類別，歷代不盡相同，例如《漢書・藝文志》中載，漢代術數有六類：天文、曆譜、五行、蓍龜、雜占、形法。至清代《四庫全書》，術數類則有：數學、占候、相宅相墓、占卜、命書、相書、陰陽五行、雜技術等，其他如《後漢書・方術部》、《藝文類聚・方術部》、《太平御覽・方術部》等，對於術數的分類，皆有差異。古代多把天文、曆譜、及部分數學均歸入術數類，而民間流行亦視傳統醫學作為術數的一環；此外，有些術數與宗教中的方術亦往往難以分開。現代民間則常將各種術數歸納為五大類別：命、卜、相、醫、山，通稱「五術」。

本叢刊在《四庫全書》的分類基礎上，將術數分為九大類別：占筮、星命、相術、堪輿、選擇、三式、讖緯、理數（陰陽五行）、雜術（其他）。而未收天文、曆譜、算術、宗教方術、醫學。

術數思想與發展——從術到學，乃至合道

我國術數是由上古的占星、卜筮、形法等術發展下來的。其中卜筮之術，是歷經夏商周三代而通過「龜卜、蓍筮」得出卜（筮）辭的一種預測（吉凶成敗）術，之後歸納並結集成書，此即現傳之《易

經》。經過春秋戰國至秦漢之際，受到當時諸子百家的影響、儒家的推崇，遂有《易傳》等的出現，原本是卜筮術書的《易經》，被提升及解讀成有包涵「天地之道（理）」之學。因此，《易・繫辭傳》曰：「易與天地準，故能彌綸天地之道。」

漢代以後，易學中的陰陽學說，與五行、九宮、干支、氣運、災變、律曆、卦氣、讖緯、天人感應說等相結合，形成易學中象數系統。而其他原與《易經》本來沒有關係的術數，如占星、形法、選擇，亦漸漸以易理（象數學說）為依歸。《四庫全書・易類小序》云：「術數之興，多在秦漢以後。要其旨，不出乎陰陽五行，生尅制化。實皆《易》之支派，傳以雜說耳。」至此，術數可謂已由「術」發展成「學」。

及至宋代，術數理論與理學中的河圖洛書、太極圖、邵雍先天之學及皇極經世等學說給合，通過術數以演繹理學中「天地中有一太極，萬物中各有一太極」（《朱子語類》）的思想。術數理論不單已發展至十分成熟，而且也從其學理中衍生一些新的方法或理論，如《梅花易數》、《河洛理數》等。

在傳統上，術數功能往往不止於僅僅作為趨吉避凶的方術，及「能彌綸天地之道」的學問，亦有其「修心養性」的功能，「與道合一」（修道）的內涵。《素問・上古天真論》：「上古之人，其知道者，法於陰陽，和於術數。」數之意義，不單是外在的算數、曆數、氣數，而是與理學中同等的「道」、「理」–心性的功能，北宋理氣家邵雍對此多有發揮：「聖人之心，是亦數也」、「萬化萬事生乎心」、「心為太極」。《觀物外篇》：「先天之學，心法也。……蓋天地萬物之理，盡在其中矣，心一而不分，則能應萬物。」反過來說，宋代的術數理論，受到當時理學、佛道及宋易影響，認為心性本質上是等同天地之太極。天地萬物氣數規律，能通過內觀自心而有所感知，即是內心也已具備有術數的推演及預測、感知能力；相傳是邵雍所創之《梅花易數》，便是在這樣的背景下誕生。

《易・文言傳》已有「積善之家，必有餘慶；積不善之家，必有餘殃」之說，至漢代流行的災變說及讖緯說，我國數千年來都認為天災，異常天象（自然現象），皆與一國或一地的施政者失德有關；下至家族、個人之盛衰，也都與一族一人之德行修養有關。因此，我國術數中除了吉凶盛衰理數之外，人心的德行修養，也是趨吉避凶的一個關鍵因素。

術數與宗教、修道

在這種思想之下，我國術數不單只是附屬於巫術或宗教行為的方術，又往往是一種宗教的修煉手段--通過術數，以知陰陽，乃至合陰陽（道）。「其知道者，法於陰陽，和於術數。」例如，「奇門遁甲」術中，即分為「術奇門」與「法奇門」兩大類。「法奇門」中有大量道教中符籙、手印、存想、內煉的內容，是道教內丹外法的一種重要外法修煉體系。甚至在雷法一系的修煉上，亦大量應用了術數內容。此外，相術、堪輿術中也有修煉望氣（氣的形狀、顏色）的方法；堪輿家除了選擇陰陽宅之吉凶外，也有道教中選擇適合修道環境（法、財、侶、地中的地）的方法，以至通過堪輿術觀察天地山川陰陽之氣，亦成為領悟陰陽金丹大道的一途。

易學體系以外的術數與的少數民族的術數

我國術數中，也有不用或不全用易理作為其理論依據的，如揚雄的《太玄》、司馬光的《潛虛》。也有一些占卜法、雜術不屬於《易經》系統，不過對後世影響較少而已。

外來宗教及少數民族中也有不少雖受漢文化影響（如陰陽、五行、二十八宿等學說。）但仍自成系統的術數，如古代的西夏、突厥、吐魯番等占卜及星占術，藏族中有多種藏傳佛教占卜術、苯教占卜術、擇吉術、推命術、相術等；北方少數民族有薩滿教占卜術；不少少數民族如水族、白族、布朗族、佤族、彝族、苗族等，皆有占雞（卦）草卜、雞蛋卜等術，納西族的占星術、占卜術，彝族畢摩的推命術、占卜術……等等，都是屬於《易經》體系以外的術數。相對上，外國傳入的術數以及其理論，對我國術數影響更大。

曆法、推步術與外來術數的影響

我國的術數與曆法的關係非常緊密。早期的術數中，很多是利用星宿或星宿組合的位置（如某星在某州或某宮某度）付予某種吉凶意義，并據之以推演，例如歲星（木星）、月將（某月太陽所躔之宮次）等。不過，由於不同的古代曆法推步的誤差及歲差的問題，若干年後，其術數所用之星辰的位置，已與真實星辰的位置不一樣了；此如歲星（木星），早期的曆法及術數以十二年為一周期（以應地支），與木星真實周期十一點八六年，每幾十年便錯一宮。後來術家又設一「太歲」的假想星體來解決，是歲星運行的相反，週期亦剛好是十二年。而術數中的神煞，很多即是根據太歲的位置而定。又如六壬術中的「月將」，原是立春節氣後太陽躔娵訾之次而稱作「登明亥將」，至宋代，因歲差的關係，要到雨水節氣後太陽才躔娵訾之次，當時沈括提出了修正，但明清時六壬術中「月將」仍然沿用宋代沈括修正的起法沒有再修正。

由於以真實星象周期的推步術是非常繁複，而且古代星象推步術本身亦有不少誤差，大多數術數除依曆書保留了太陽（節氣）、太陰（月相）的簡單宮次計算外，漸漸形成根據干支、日月等的各自起例，以起出其他具有不同含義的眾多假想星象及神煞系統。唐宋以後，我國絕大部分術數都主要沿用這一系統，也出現了不少完全脫離真實星象的術數，如《子平術》、《紫微斗數》、《鐵版神數》等。後來就連一些利用真實星辰位置的術數，如《七政四餘術》及選擇法中的《天星選擇》，也已與假想星象及神煞混合而使用了。

隨着古代外國曆（推步）、術數的傳入，如唐代傳入的印度曆法及術數，元代傳入的回回曆等，其中我國占星術便吸收了印度占星術中羅睺星、計都星等而形成四餘星，又通過阿拉伯占星術而吸收了其中來自希臘、巴比倫占星術的黃道十二宮、四大（四元素）學說（地、水、火、風），並與我國傳統的二十八宿、五行說、神煞系統並存而形成《七政四餘術》。此外，一些術數中的北斗星名，不用我國傳統的星名：天樞、天璇、天璣、天權、玉衡、開陽、搖光，而是使用來自印度梵文所譯的：貪狼、巨門、祿存、文曲、廉貞、武曲、破軍等，此明顯是受到唐代從印度傳入的曆法及占星術所影響。如星命術中的《紫微斗數》及堪輿術中的《撼龍經》等文獻中，其星皆用印度譯名。及至清初《時憲曆》，置閏之法則改用西法「定氣」。清代以後的術數，又作過不少的調整。

此外，我國相術中的面相術、手相術，唐宋之際受印度相術影響頗大，至民國初年，又通過翻譯歐西、日本的相術書籍而大量吸收歐西相術的內容，形成了現代我國坊間流行的新式相術。

陰陽學——術數在古代、官方管理及外國的影響

術數在古代社會中一直扮演着一個非常重要的角色，影響層面不單只是某一階層、某一職業、某一年齡的人，而是上自帝王，下至普通百姓，從出生到死亡，不論是生活上的小事如洗髮、出行等，大事如建房、入伙、出兵等，從個人、家族以至國家，從天文、氣象、地理到人事、軍事，從民俗、學術到宗教，都離不開術數的應用。我國最晚在唐代開始，已把以上術數之學，稱作陰陽（學），行術數者稱陰陽人。（敦煌文書、斯四三二七唐《師師漫語話》：「以下說陰陽人謾語話」，此說法後來傳入日本，今日本人稱行術數者為「陰陽師」）。一直到了清末，欽天監中負責陰陽術數的官員中，以及民間術數之士，仍名陰陽生。

古代政府的中欽天監（司天監），除了負責天文、曆法、輿地之外，亦精通其他如星占、選擇、堪輿等術數，除在皇室人員及朝庭中應用外，也定期頒行日書、修定術數，使民間對於天文、日曆用事吉凶及使用其他術數時，有所依從。

我國古代政府對官方及民間陰陽學及陰陽官員，從其內容、人員的選拔、培訓、認證、考核、律法監管等，都有制度。至明清兩代，其制度更為完善、嚴格。

宋代官學之中，課程中已有陰陽學及其考試的內容。（宋徽宗崇寧三年〔一一零四年〕崇寧算學令：「諸學生習……並曆算、三式、天文書。」「諸試……三式即射覆及預占三日陰陽風雨。天文即預

定一月或一季分野災祥，並以依經備草合問為通。」

金代司天臺，從民間「草澤人」（即民間習術數人士）考試選拔：「其試之制，以《宣明曆》試推步，及《婚書》、《地理新書》試合婚、安葬，並《易》筮法，六壬課、三命、五星之術。」（《金史》卷五十一・志第三十二・選舉一）

元代為進一步加強官方陰陽學對民間的影響、管理、控制及培育，除沿襲宋代、金代在司天監掌管陰陽學及中央的官學陰陽學課程之外，更在地方上增設陰陽學課程（《元史・選舉志一》：「世祖至元二十八年夏六月始置諸路陰陽學。」）地方上也設陰陽學教授員，培育及管轄地方陰陽人。（《元史・選舉志一》：「（元仁宗）延祐初，令陰陽人依儒醫例，於路、府、州設教授員，凡陰陽人皆管轄之，而上屬於太史焉。」）自此，民間的陰陽術士（陰陽人），被納入官方的管轄之下。

至明清兩代，陰陽學制度更為完善。中央欽天監掌管陰陽學，明代地方縣設陰陽學正術，各州設陰陽學典術，各縣設陰陽學訓術。陰陽人從地方陰陽學肄業或被選拔出來後，再送到欽天監考試。（《大明會典》卷二二三：「凡天下府州縣舉到陰陽人堪任正術等官者，俱從吏部送（欽天監），考中，送回選用；不中者發回原籍為民，原保官吏治罪。」）清代大致沿用明制，凡陰陽術數之流，悉歸中央欽天監及地方陰陽官員管理、培訓、認證。至今尚有「紹興府陰陽印」、「東光縣陰陽學記」等明代銅印，及某某縣某某之清代陰陽執照等傳世。

清代欽天監漏刻科對官員要求甚為嚴格。《大清會典》「國子監」規定：「凡算學之教，設肄業生。滿洲十有二人，蒙古、漢軍各六人，於各旗官學內考取。漢十有二人，於舉人、貢監生童內考取。附學生二十四人，由欽天監選送。教以天文演算法諸書，五年學業有成，舉人引見以欽天監博士用，貢監生童以天文生補用。」學生在官學肄業、貢監生肄業或考得舉人後，經過了五年對天文、算法、陰陽學的學習，其中精通陰陽術數者，會送往漏刻科。而在欽天監供職的官員，《大清會典則例》「欽天監」規定：「本監官生三年考核一次，術業精通者，保題升用。不及者，停其升轉，再加學習。如能黽勉供職，即予開復。仍不及者，降職一等，再令學習三年，能習熟者，准予開復，仍不能者，黜退。」除定期考核以定其升用降職外，《大清律例》中對陰陽術士不準確的推斷（妄言禍福）是要治罪的。《大清律例·一七八·術七·妄言禍福》：「凡陰陽術士，不許於大小文武官員之家妄言禍福，違者杖一百。其依經推算星命卜課，不在禁限。」大小文武官員延請的陰陽術士，自然是以欽天監漏刻科官員或地方陰陽官員為主。

官方陰陽學制度也影響鄰國如朝鮮、日本、越南等地，一直到了民國時期，鄰國仍然沿用着我國的多種術數。而我國的漢族術數，在古代甚至影響遍及西夏、突厥、吐蕃、阿拉伯、印度、東南亞諸國。

術數研究

術數在我國古代社會雖然影響深遠，「是傳統中國理念中的一門科學，從傳統的陰陽、五行、九宮、八卦、河圖、洛書等觀念作大自然的研究。……傳統中國的天文學、數學、煉丹術等，要到上世紀中葉始受世界學者肯定。可是，術數還未受到應得的注意。術數在傳統中國科技史、思想史，文化史、社會史，甚至軍事史都有一定的影響。……更進一步了解術數，我們將更能了解中國歷史的全貌。」（何丙郁《術數、天文與醫學中國科技史的新視野》，香港城市大學中國文化中心。）

可是術數至今一直不受正統學界所重視，加上術家藏秘自珍，又揚言天機不可洩漏，「（術數）乃吾國科學與哲學融貫而成一種學說，數千年來傳衍嬗變，或隱或現，全賴一二有心人為之繼續維繫，賴以不絕，其中確有學術上研究之價值，非徒癡人說夢，荒誕不經之謂也。其所以至今不能在科學中成立一種地位者，實有數因。蓋古代士大夫階級目醫卜星相為九流之學，多恥道之；而發明諸大師又故為惝恍迷離之辭，以待後人探索；間有一二賢者有所發明，亦秘莫如深，既恐洩天地之秘，復恐譏為旁門左道，始終不肯公開研究，成立一有系統說明之書籍，貽之後世。故居今日而欲研究此種學術，實一極困難之事。」（民國徐樂吾《子平真詮評註》，方重審序）

現存的術數古籍，除極少數是唐、宋、元的版本外，絕大多數是明、清兩代的版本。其內容也主要是明、清兩代流行的術數，唐宋或以前的術數及其書籍，大部分均已失傳，只能從史料記載、出土文獻、敦煌遺書中稍窺一鱗半爪。

術數版本

坊間術數古籍版本，大多是晚清書坊之翻刻本及民國書賈之重排本，其中豕亥魚魯，或任意增刪，往往文意全非，以至不能卒讀。現今不論是術數愛好者，還是民俗、史學、社會、文化、版本等學術研究者，要想得一常見術數書籍的善本、原版，已經非常困難，更遑論如稿本、鈔本、孤本等珍稀版本。在文獻不足及缺乏善本的情況下，要想對術數的源流、理法、及其影響，作全面深入的研究，幾不可能。

有見及此，本叢刊編校小組經多年努力及多方協助，在海內外搜羅了二十世紀六十年代以前漢文為主的術數類善本、珍本、鈔本、孤本、稿本、批校本等數百種，精選出其中最佳版本，分別輯入兩個系列：

一、心一堂術數古籍珍本叢刊

二、心一堂術數古籍整理叢刊

前者以最新數碼（數位）技術清理、修復珍本原本的版面，更正明顯的錯訛，部分善本更以原色彩色精印，務求更勝原本。并以每百多種珍本、一百二十冊為一輯，分輯出版，以饗讀者。

後者延請、稿約有關專家、學者，以善本、珍本等作底本，參以其他版本，古籍進行審定、校勘、注釋，務求打造一最善版本，方便現代人閱讀、理解、研究等之用。

限於編校小組的水平，版本選擇及考證、文字修正、提要內容等方面，恐有疏漏及舛誤之處，懇請方家不吝指正。

心一堂術數古籍 珍本 整理 叢刊編校小組

二零零九年七月序

二零一四年九月第三次修訂

史仲宏
丁孟章兩先生秘傳

羅經消納正宗

余嘗觀羅經一書汗牛充棟千人千術各相矛盾坐穴者或用以秉氣消納者或用以格龍離遁支吾全無定法彼是此非喙喙爭鳴令觀者終迷庚癸難以究其旨歸無從辯其謬而明史丁二公合纂正宗一書復出考覈精當詳明七十二向穿山透地四吉三奇官貴祿馬五行關煞度數吉凶陰陽差錯星辰暗伏五行清奇無不具備前賢要旨較若列眉展卷瞭然是非別白繁不苦於望洋簡不病於滲漏真消納山水之金鏡也然二公昔時為人營宅卜葬無不響應証之有據余娚紹文在皖堪輿遍訪此書得同道中附來示余開卷欣然有得真乃撥霧覩青天矣復有何辯得之不易故特舉筆錄之以正藏之於家

勿視庸流。後之子孫有能同志者。珍之寶之。

一層天池

二層先天卦位

三層十二地支

四層分野

五層天星

六層廿四龍向

七層折納星屬

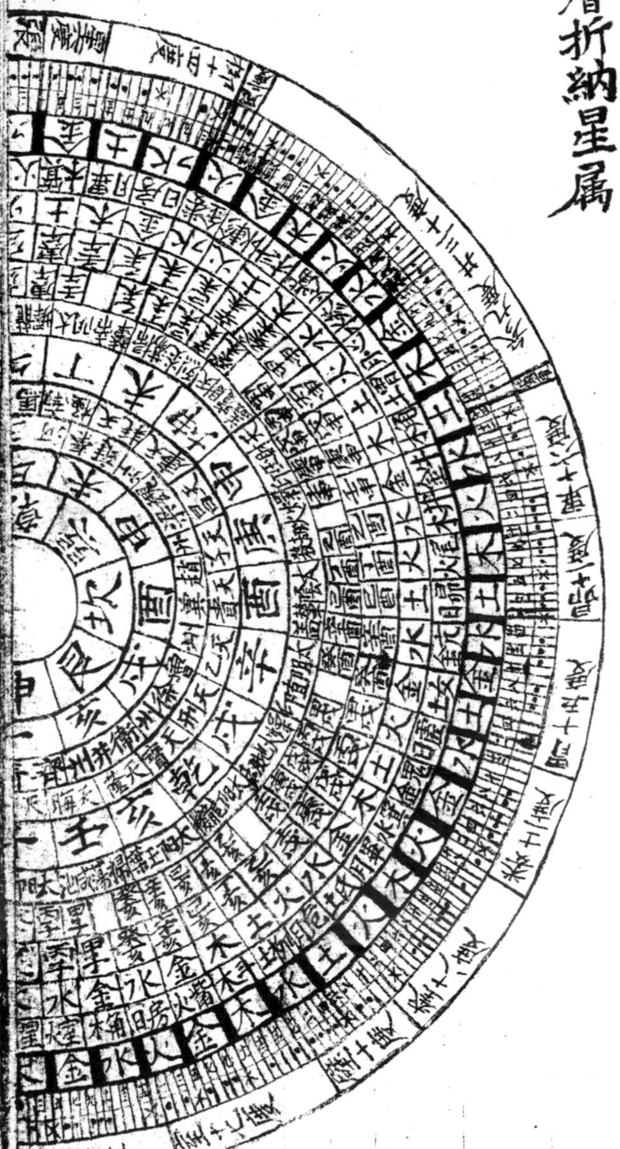

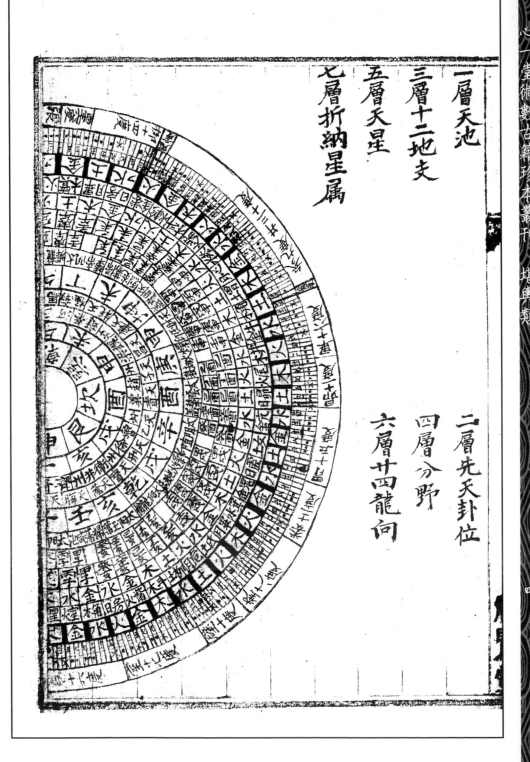

八層順排七十二穿山水法
十層納音五行
十二層宿度五行
十四層度數吉凶

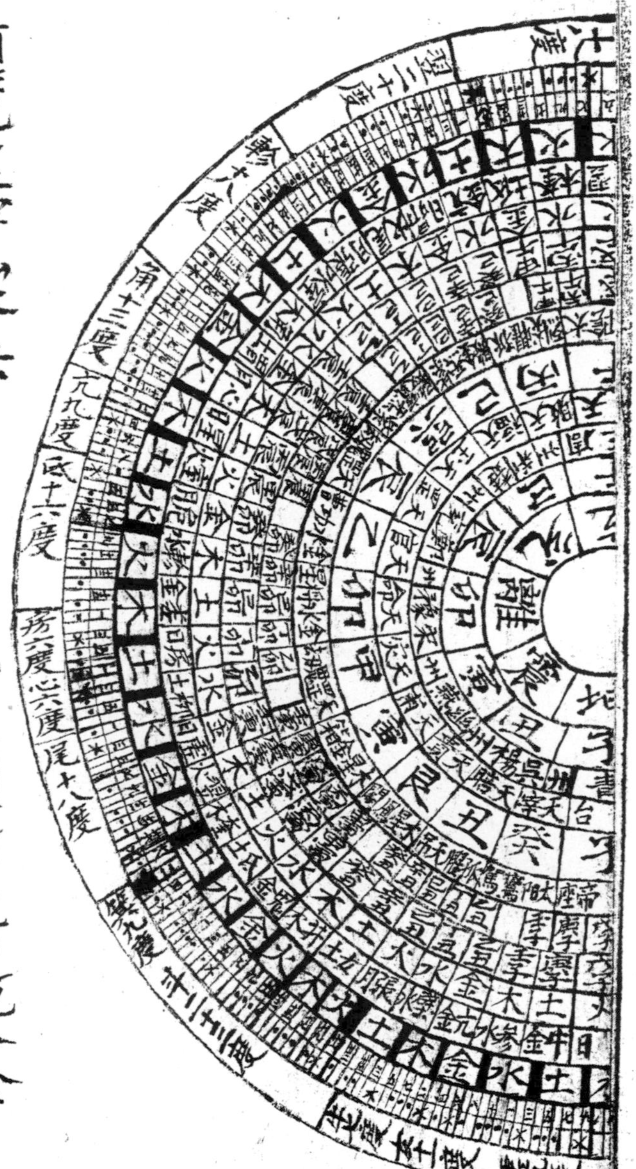

九層順排六十龍透地分金
十一層飛禽宮位
十三層三百六十度數
十五層度數

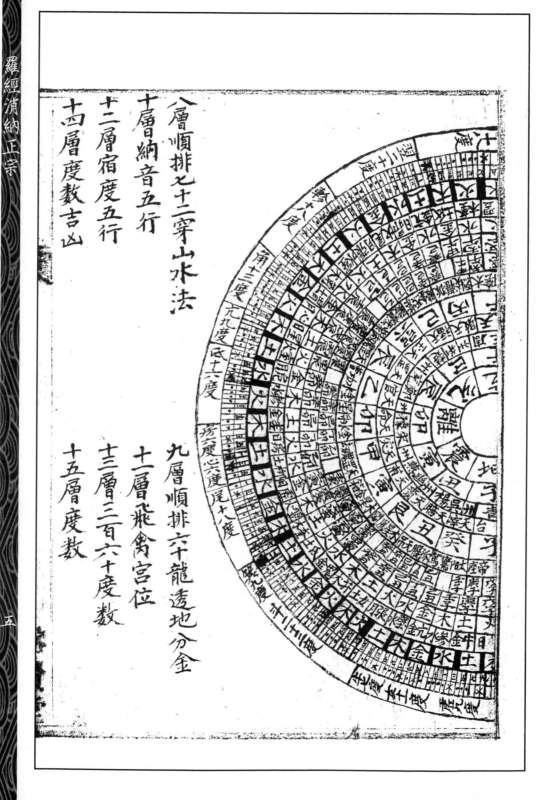

史公原序

羅經七十二龍。本九天玄女所授赤松子之秘文也。赤松子授黃石公。黃石公授張子房。遂失傳焉。厥後葛稚川遊玉屋山。遇左宮太乙真人。以此授之。戒之曰。天機玄秘。慎勿輕洩。歸盛以錦囊。所載者即混天局光明大照圖是也。晉郭璞從葛仙翁得青囊。及此傳之秘。因作葬經。貞觀間河東聞喜丘隱公講此書於民間扦葬立宅。屢有星氣之應。太史卜之曰。聞喜有天子氣。遣使按之。督郡縣掘地脈。捕隱公至闕下。赦其死。勅禁此書。藏於瓊林庫中。尤憲有孤行側出。詔僧一行。撰銅函經滅蠻夷。變化穿山透地。次序隱其實旨。僅存二十四位羅經。立宗廟五行傳世黃巢之亂車駕播遷寶藏失守國師楊筠松盜此書遁江右為人间極困乏因此救貧名天下一傳而得曾文辿再傳而得小曾求已三傳而得吳穎四傳而得吳景鸞大行有宋詔封國師景鸞無嗣一女為張倅妻倅遷處州守臨岐泣下夫人问之曰是不利於官凡治兹土者多死亡吾因自悲耳夫人曰此必治基之禍也召名師覘之廖禹初學時往應焉按府治辛酉行龍坐乾向巽兼戌辰前仟水來朝謂夫人曰作樵樓以遮之開门卯酉方居官無恙夫人嘆曰有子傳子無子傳賢無賢無子抱書而葬非先國師之言乎没後而有廖禹可謂賢矣啓父棺取書授之遂得遍行海內焉時禹傳之丁應星應星傳之譚

公諱公傳之吳舜舉舜舉傳之劉師文師文傳之金芝孫芝孫傳之黃仲理仲理傳之程義剛義剛則有劉時輝時輝者則有子應奇繼應奇者則顧乃德繼乃德者則何震儒繼震儒者則為沈公子昇繼沈公者即余受業師也師研窮神化廣演圖局口授是書條分縷悉不涉疑似以貽後人藥出金鉼苦心滴滴嗚呼斯道之明賴有傳人予既立雪師門親聆指教敢不為彰往績詔來學乎哉

明史自成仲宏氏撰

丁孟章公原序

余初學地理時，與先輩周旋，多用宗廟五行，二十四位羅經沿習日久，遞相殂豆，初不知為欺世之文也，匪予師沈公昌明绝學，發揮真旨，宇宙不幾長夜哉，夫二十四山取以配二十四氣也，七十二龍取以配七十二候也，十二支以按十二時，八干以合八節，四維以合四時也，夫人而知之也，為问司天地造化之機，操陰陽禍福之柄，收四山之吉，發三奇之水，審官貴祿馬之方位，推五行關殺之度數，避陰陽之差錯，去星辰之暗伏，取五行之清奇，將於何辨之乎，蓋七十二龍分佈甲子五行星宿，於十二支神之下，各占五位，其八干四維正中，即陰陽差錯之位介在懸虛，各無六甲五行星曜之司，而先天甲子從七十二龍中分別而秉之，以應周天歲月日時之數，以觀星辰之住處，以察節候之淺深，則八干四維皆有星辰管攝，而吉凶消納，即于是乎辨之，此收山坐穴必以七十二龍為主，先天透地納音為用，萬世不易之理也，何師心自用者，謬執二十四位宗廟五行以定向立宅，往往當吉而凶，當凶而吉，何營圖鑿方內之懸殊甚至紛拏滋蔓，又以一百二十[redacted]位分金為發餖飣不已，鉏鋙愈遠，古謬，山水自語，良非過激，嗚呼何其辨之不早辨也，以余所聞郭景純葬經曰，朝於生旺，流於休囚，擇於將衰，如庚子土山，見坤申水朝，立見發福，壬子木山，見坤申水朝，立見致禍，非朝於生旺耶名山大邑龍穴多係庚子土山水去東南巽巳多發富貴非流於死絕耶又曰坎山流水向東南妙訣時師怎得知天上祿存人不識貪狼流水尚孤疑兼言丙子水山亦愛流南離之位也又曰亥山流水喜東南蓋亥山之下分五亥惟丁亥癸亥二山水向東南應出制府未可以東南概諸亥也以余所見沈公為李尚書建府作辛山乙向巽水來朝以世傳羅經論之係祿存入朝應主凶禍李乃朱紫盈门為張氏立庠城寅山申向坤水流去以世傳羅經論之流破貪狼豈能致福張則不數年三子俱登賢書抑知李宅雖辛山乙向而坐辛中之甲戌巽水為天上之武曲也張墓雖寅山申向而坐寅中之庚寅坤

水為天上之祿存也所是若此所聞若彼消納有不如捺券取用有不若響應者乎宗廟五行盡失先天之旨又何怪乎其不驗也夫五行有內有外正五行外也納音五行內也猶人之外有肌膚內有臟腑也臟腑調斯百病不作肌膚自潤此理之必然者也七十二龍有貴有賤有興有敗凶龍消納得氣亦主富貴吉龍消納失氣亦致災傷又理之不可易者也明乎此而統以先天納音五行定興旺衰以列宿之躔次分界限趋凶中之吉避吉中之凶神而明之思過半矣雖然猶有慮二十四山譬若祖宗也六十分金坐穴譬若父母也三百六十度譬若諸子也四吉三奇官貴祿馬譬若當路之權貴也刑傷尅殺譬若當

遂之寇盜也萃祖宗父母諸子之榮受權貴之庇佑避寇盜之侵凌貧賤者可致富貴夭折者可致遐齡此奪神功改天命之玄機也倘邀祖宗之榮而父母諸子之不振刑殺寇盜之不避奇吉官貴祿馬之不臨有禍不旋踵覆宗絶嗣者可不懼哉嗟乎著書日夥僞荔亂真趋舍異路抱此守先待後之訣不獲起諸盲瞽而耳目之是則予之所大痛也因取是書讐校録之以藏於家

合纂真傳羅經消納正宗

潛邑天柱儲孝則弘中氏撰述

史公七十二穴山水法

丁公六十透地分金法

二公秘訣合一

壬山丙向偏子午、坐甲子穿山宮位、天魁金星管局

穿山妙訣有誰題　甲子天罡細論之　攀薦得人家致富
早攀丹桂上雲梯

如山坐甲子、向對甲午、金山金向喜乙與丙水來朝、與辛庚坤水交會於午、從午丁之玄流去、乙為三奇、祿馬與為四吉、貪狼、坤辛庚為武曲、午為御溝捍門、加之真龍貴格、七年便發

巳酉丑年愈盛、十三十八年登科、三十六年貴顯、一代大發、富貴双全、後代次之、蓋金臨死地、力微然也、○水若過丁去坤、流傷冠帶、五十年内衰敗、若午丁反来、巽反流去、来犯文曲、去破貪狼、主淫邪官訟、外遊少亡、

甲子透地、納音金龍、飛禽角木蛟臨宮、○乙辰為明龍、宜圓峰高聳為上格坤申為天祿、宜星峰巍峩勢雄高照為上丙午為官祿、宜几案前橫、案外喜文筆聳秀端朝其餘以有情為主、諸星應位、水流午丁去、主出神童子孫富貴、○若此龍入首、主青石黃砂馬骨土、

此龍自危宿十度、以至危宿十五度止、　危十五度屬水、係陰陽差錯之度、又值関殺、主瘋癲跛足、蛇傷虎咬、　危十四度

屬水、黑道凶星占度大凶、　危十三度屬水、係正壬與甲子穿山分界之度不取、　危十二度屬水、係體生用、因金死在子、體本無氣、再加水度泄之、必主淫亂少亡、　危十一度屬水、幸倚金度、體將得氣、主平安發福、　危十度屬金、體用合氣、又值吉星守度、主子孫聰明、出富出貴、定產神童、一舉登科、

子山午向偏壬丙、坐丙子穿山宮位、進氣水星管局、

進氣龍宮福有餘、　為臣貴極卻非虛、　文章秀氣人中瑞、

倚頓田園遍里閭、

如山坐丙子、向對丙午、水山水向、喜庚坤水來流巽去、庚為貴

人、坤為四吉、丁為三奇、丙為門旗、巽為御街、水出巽位去、則左边槌鼓禄馬自然上街、加之真龍貴格、九年便發、十七年登科、二十四年高陞、三十年貴為朝中大臣、廣進外州田地、代々及第、富貴綿遠、　水若過巽去甲、初六年不利、蓋甲係本宮禄馬、謂水冲禄位、馬不上街、甲與卯同宮、卯數六、故主六年不利。若左水倒右、主雷傷自縊、產難訟禍敗絕、

丙子透地、納音水龍、飛禽室火猪臨宮。丙子為應龍、宜峯員磊落朝端秀麗　艮寅為右獅、辰乙為太陽、戌辛為食禄、三星遠宜高聳秀麗、近宜低阜雄昂　申坤為紫微、宜端高拔衆　諸星應位、水流巽去、主科甲狀元。若係此龍入首、主白青泥潤土、

此龍自危宿四度至危宿九度止、危九度屬金、用生體、謂之印綬、應主富貴、危八度屬金、係甲子丙子穿山分界之度、雖吉不取、危七度屬金、主人丁財富綿遠、危六度屬金喜度生體、〻又臨旺地、又值金魁吉星守度、主先富後貴子孫聰明、蔭狀元科甲顯爵、危五度屬金、四度屬木、俱犯関殺、主訟事刑杖加身、子孫殘疾、

子山午向、正坐戊子穿山宮位、廣德火星當局、

廣德龍宮福最殊、銀餅玉盞富田廬、金章紫綬多榮貴

一舉成名定國謨、

如山坐戊子、向對戊午、火山火向喜巽丙丁水來朝、流坤庚辛

乾去巽丙為文曲丁為槌為貴人坤為鼓辛為祿馬門旗乾為御街加之真龍貴格五年大發寅午戌年愈盛十八年高科二十六年三十五年位至公卿發福綿遠水若反流丙巽去主破敗離鄉

戌子透地納音火龍飛禽星日馬臨宮○午為少微未為佐輔二星宜高秀　申為右弼宜遠　巳為天祿宜高峯秀麗　辰為食祿宜聳遠　此龍翻身逆結者真多無下臂葬經云翻身逆勢去迎朝不怕八風搖諸星應位水流乾去主出公侯兄弟同科文武双全○若此龍入首主黃砂馬骨石

此龍自虛宿七度至危宿三度止　危三度屬木係丙子戊子

穿山分界之度不取　危二度屬木木臨坎水之宮木資水生而氣足火得木生而愈旺誠水火既濟起死回生又值吉星守度應出公侯卿相文武科甲富貴綿遠　危一度屬木用生體亦出富貴　虛九度屬木八度屬土木土相剋謂之關殺仇度主癆病尅妻離鄉乞丐　虛七度屬土係戊子庚子穿山分界之度不取

子山午向偏癸丁坐庚子穿山宮位廣壽土星官局

廣壽龍宮福最宜　兒孫官取着紫衣　百年萬載人丁旺
奕世毅明達帝畿

如坐山庚子向對庚午土山土向喜辛戌庚坤水朝流丙巽去

辛為馬庚為貴人坤為四吉丁為三奇丙為門旗巽為御街加之真龍貴格九年便發申子辰年愈盛十七二十四年出貴三十年官爵顯九代英雄房房興旺富貴長壽○水流坤庚去流破貪狼主黃腫災禍少亡

庚子透地納音土龍飛禽牛金牛臨宮○午丁為應龍宜峯員磊落遠朝秀麗寅甲為右弼辰巽為太陽戌乾為食祿三星宜遠高聳秀麗近宜低阜成形申庚為紫微宜端秀高聳諸星應位水流巽去主大富大貴○

若此龍入首主白砂夾石土

此龍自虛宿一度至虛宿六度止　虛六度五度四度俱屬土喜體用同氣土臨旺宮四五度又值吉星守度應出科甲魁

元、富貴顯達、五馬玉堂之職、　虛三度屬土、二度屬木、水土
戰尅、謂之関殺、主孤寡、二度又係庚子壬子分界之度、　虛
一度屬水體尅用、謂之財帛、人丁興旺、財穀豐足、
癸山子向偏子午、坐壬子穿山宮位、廣富木星管局
龍稱廣富信非誣　目下經營已自殊　異日身榮家益裕
迺倉迺積勝陶朱
如坐山壬子、向對壬午木山木向喜甲乙水朝流坤去、甲為武
曲、乙為樞、馬貴人、巽為鼓、丙為祿馬、丁為旗坤為御街、加之
真龍貴格、八年便發亥卯未年愈盛十七年出貴二十八年
富貴双全若水流庚辛去、三奇四吉不能到街、福漸不堅若

流丙巽去為半吉富而不貴若流戌乾乙甲去冲破生旺主鰥寡喑啞瘋疾盜賊

壬子透地納音木龍飛禽參水猿臨宮　未坤為太陽（宜遠山小峯疊疊）辰巽為佐輔（宜高聳）乙丙為右弼午丁為騰雲（宜遠）二星申庚為驛馬（宜低卑重重）諸砂應位水流坤去主出公侯富貴高壽　若係此龍入首主粉白黃泥襍石土

此龍自女宿六度至女宿十一度止　女十一度十度俱屬水水臨旺地又會水禽疊疊生體體氣旺盛主子孫蕃衍先富後貴　女九度屬水又值吉星守度較之上二度更盛過上等之龍定出科甲公卿方伯中等之龍亦應巨富顯貴　女

八度屬水、係壬子與正癸穿山分界之度、不取。女七度屬金，用雖剋體、喜水禽洩用生體、金遂貪生忘剋、水禽能解木星之剋、又值天貴吉星守度、應出將相顯貴，但發不久。女六度屬金、係陰陽差錯之度，主孤寡壽夭、駁雜殘疾。

癸山丁向，坐正癸穿山宮位、正祿星官局。

正祿穿山卻最亨，子孫習武得功名。修文也有人中傑，胸懷全才統萬兵。

如山坐正癸、向對正丁、係子午分界、為陰陽差錯之位、古語：「正癸雖然好，後代應難保，一代便換姓，生女不生男」。果遇真龍貴格、乾甲丁峰拔翠，辛庚坤拱端嚴，再見甲乙與水來朝流坤申庚去宜稍偏右、坐壬子透地、將近壬子穿山、借木局收水合祿馬貴人上街、能出將相顯貴、十七二十六年應、亥卯未年旺、蓋此宮木氣不深、福漸不久、一代後離鄉、二三代後便絕、水流丙去次之、若誤坐乙丑透地、主徒流自縊敗絕、水反亦然、右二度半載前壬子透地宮內、只女七度能出貴、不久、左二度半、載後乙丑透地宮內、只女四度衣食豐足、必水去午丁、若流坤庚去大凶

癸山丁向兼丑未、坐乙丑穿山宮位、金福金星官局

金福龍宮最得宜　金銀倉庫旺孫兒　其中定有君王寵
代代恩榮敕印歸

如山坐乙丑向對乙未金山金向喜乙巽丙水來朝與辛庚坤水交會於午從午丁之玄流去乙為三奇祿馬巽為四吉辛為貴人坤庚為武曲午為御溝大開明堂加之真龍貴格四年便發七年大富九年十一年十五年高科及第位至三公富貴綿遠房房興隆 ○若水流破生旺方去主忤逆殺傷少亡孤寡

乙丑透地納音金龍飛禽亢金龍臨宮 ○丁未為食祿宜端圓秀麗特明為上巽巳為紫微宜高聳如挿笏為上庚酉為少微宜與紫微峯配餘以有情端麗為主諸星應位水流午丁之玄流去主大富聰明科第 ○若係此龍入首主紫白襍石土

此龍自牛宿七度、至女宿五度止、　女五度屬金、係陰差陽錯之度、主孤寡聾啞缺唇、　女四度屬金、喜體用飛會一氣、主衣食豐足、若水流坤庚、去主徒流自縊、　女三度屬金、係正癸與乙丑穿山分界之度、又犯關殺、不吉不取、　女二度屬木、值關殺、主子孫衰弱壽夭、　女一度屬木、體尅用、謂之財帛、主先富後貴、子孫昌旺、　牛七度屬木、又值吉星守度、主富貴綿遠、屢世科甲、位居正卿侍郎之職、

丑山未向兼癸丁、坐丁丑穿山宮位、金庫水星會局

穴宜金庫位宮中、　世享榮華羨此龍、
扞遇有緣真貴顯、　定由科甲受皇封、

如山在丁丑、向對丁未、水山水向喜庚坤水朝、流丁丙巽去、庚為貴人、坤為四吉、丁為三奇、丙為門旗、巽為御街、古云、小神入中神、中神入火神、奇吉御街去天下盡聞名、加之真龍貴格、九年便發、申子辰年愈盛、十七年出貴、二十四年職位高遷、貴至公侯、七代聯科及第、富貴兼全　若水不到街去富而不貴、貴而不顯、水倒右去、流破貪狼主忤逆敗絕、

丁丑透地納音水龍、飛禽壁水㺄臨宮 ○未丁為三奇明龍宜峯秀高聳侵雲　亥乾為天祿、宜体勢巍峩高拱　卯甲為騰雲、近宜低阜軒昂遠宜高峯護衛　巳巽為驛馬、酉庚為天祿二星宜遠聳端秀　諸星應位、水流巽去主滿門官貴人丁興旺、　若係此龍入首、主黃赤黑石土、

此龍自牛宿一度至牛宿六度止　牛六度屬木体生用謂之福德子孫長壽仁慈孝友富貴兼全　牛五度屬木係乙丑丁丑穿山分界之度不取　牛四度屬木三度屬土木土相剋謂之關殺主癆病少亡官訟　牛二度屬土水困畏土而此土幸坐於牛宿之中牛宿本体屬金則土為金之母水之祖也不但不剋体反補宿生体乃為一家眷屬且有水禽扶助又值吉星守度應出侍從尚書代〻科甲人〻聰俊　牛一度屬土主富貴綿〻人丁茂盛

丑山未向正在己丑穿山宮位遊殺火星雷局

遊龍宮位主流離　疾病纏身不可醫　定出武官遭殺戮

兒孫從此必傾危。

如山坐巳丑向對巳未火山火向古云走馬搖頭三尺人五凶三吉不利身若能明得曾楊訣便是曾楊再復生此宮火殺最烈本凶多吉少若果龍真穴的巽丙丁水來朝流庚辛乾去巽丙為武曲丁為槌坤為鼓辛為祿馬門旗乾為御街所謂祿馬帶旗上街遇殺星主出武將五年便發寅午戌年大旺十八二十四年出武官五十年內主離鄉殺戮一代顯榮後主蕭條水反火凶

巳丑透地納音火龍飛禽張月鹿臨宮 ○巳為天祿宜峯高聳酉為騰雲宜遠峯端秀 亥為驛馬卯為官祿二星宜低卓雄昂 未為左輔宜高峯如

笋插天莊嚴秀麗　諸星應位水流乾去主一代武將威嚴發福不能久遠。若係此龍入首主紫紅潤色土

此龍自斗宿十八度至斗宿二十三度止　斗二十三度屬土係丁丑己丑穿山分界之度不取　斗二十二度屬土為福星度吉龍真發福　斗二十一度屬土二十度屬火俱值空亡主缺唇瞽目刑傷　斗十九度屬火体用一氣又係天貴吉星守度主一代武貴顯榮若有屍山塞水口定遭殺戮無屍山善終　斗十八度屬火係己丑辛丑穿山分界之度不取

丑山未向兼艮坤坐辛丑穿山宮位金印土星晋局

印龍司馬職高崇。征伐行兵志氣雄。帷幄運籌堪定國
貔貅百萬鎮蠻戎。

如山坐辛丑向對辛未土山土向喜庚坤水朝流丁丙巽去庚爲貴人坤爲四吉丁爲三奇丙爲門旗巽爲御街水出巽方則祿馬旗皷自然到街星辰入廟加之真龍貴格主子孫聰俊多登金榜文出狀元天官武出將軍掌握兵權再加辛乾水來會局更美四九年便發申子辰年愈盛七十年出貴二十四年職顯九代興隆房房大旺左水倒右大凶如水去乙則祿馬不能到街出貴次之

辛丑透地納音土龍飛禽女土蝠臨宮 未坤爲三奇明龍宜高

秀拔

亥壬為天祿（宜星体巍峩高聳）卯乙為騰雲巳丙為驛馬辛酉為官祿（三星遠宜聳端秀巖近宜低阜雄昂）諸星應位水流巽去主科第滿門大富大貴○若係此龍入首主大頑石古穴可用工鑿去或主黃泥土

此龍自斗宿十二度至斗宿十七度止　斗十七度屬火用生体謂之印綬主富貴雙全　斗十六度屬火值師旅吉星守度女土飛禽入廟文應狀元侍郎尚書武出將軍統領兵權綿綿不絕　斗十五度屬火亦應科甲綿綿　斗十四度屬木用剋体主刑傷少亡敗絕　斗十三度屬木係辛丑癸丑穿山分界之度不吉不取　斗十二度屬火用生体謂之福

神主富貴出五馬八座之職

艮山坤向兼丑未坐癸丑穿山宮位天壽木星官局

壽星龍貴轉興隆　一舉成名入帝宮　若是九星同入廟
兒孫代代產英雄

如山坐癸丑向對癸未木山木向喜乾乙水朝流坤之玄而去乾為四吉辛為三奇乙為槌巽為鼓丙為祿馬丁庚為門旗坤為御街加之真龍貴格六年便發亥卯未年愈盛八年十一年十五十七年出貴二十六年家無白丁爵祿顯貴大發五代房房均匀古云將相公侯寧有種王帶此龍正相當右水倒左丁丙去貴而不富左水倒右庚去富而不貴若當面

有水来朝大凶

癸丑透地納音木龍飛禽井木犴臨宮○巽辰為左輔宜奇峯高出於衆坤未為太陽宜遠峯端朝戌乾為明龍宜高拱酉辛為應龍巳丙為右弼宜遠聳諸星應位水流坤去主公侯顯職富貴双全○若係此龍入首主石墠及細石乳用工鑿去另挑土為堂者

此龍自斗宿六度至斗星十一度止　斗十一度屬火體生用謂之福德又值吉宿守度主大富大貴文武魁元公侯卿相子孫孝義　斗十度屬火應出縣令之職　斗十九度屬火又值吉星守度主出聰明高科顯貴　斗八度屬火係癸丑正艮穿山分界之度又犯關殺多出少亡孤寡　斗七度屬金

犯關殺遇金殺最重、主凶禍敗絕、斗十六度屬金係陰差陽錯之度用又尅体、主賭博官訟、孤寡刑傷敗絕、

艮山坤向、坐正坤穿山宮位、天文星晉局、

天星位上損文星、一代兒孫便絕根、傳與時師須記取、不可輕易妄安墳、

如山坐正艮向對正坤、係丑寅分界陰陽差錯之位、若果龍真見庚坤水朝流巽去、稍偏左、坐甲寅透地、借水局取論、主一代富貴、申子辰年大發、水反大凶、主絕、右二度半、載前癸丑透地宮內、度俱不吉、左二度半、載後甲寅透地宮內、只斗四度、主大發一代

艮山坤向兼寅申、坐甲寅穿山宮位、天慶水星晉局、

天慶之星福不殊　更看龍脉勢何如　若是九星来相應

須教及第至中書

如山、坐甲寅向對甲申、水山水向宜寬濶明堂池聚湖聚水、喜壬

乾水来、與庚坤水會合流丁丙巽去、壬乾為武曲、辛為馬、庚

為貴人、坤為四吉、丁為三奇、丙為門旗、巽為御街、加之真龍

貴格、四九年便發、申子辰年愈盛、十七、二十四年出貴、三十、

三十五年貴入中書、代代富貴、若午酉二宮有一水来過堂

主飄蕩離鄉、産难自縊忤逆敗絶、

甲寅透地、納音水龍飛禽鬼金羊臨宮、○坤申為四吉、紫微宜关

秀端朝　乙辰為太陽、宜低阜雄昂　辛戌為食祿、宜体格威嚴　丙午為應龍宜遠山小峯疊疊高拱　壬子為少微、宜聳護　諸侯應位、水流與去、主屢世高科。若此龍入首、主襍色馬骨、砂石青坭土。

此龍自箕宿九度至斗宿五度止、　斗五度屬金、係陰差陽錯之度、主聾啞少亡、孤寡癆病、　斗四度屬金、用生体、謂之印綬、体雖病、幸喜金禽金度重重生扶、主大發一代。　斗三度屬金、係正艮與甲寅穿山分界之處(度)、　斗二度屬金、為補天印綬、主衣食豐足小貴　斗一度屬水、体用一氣、又值生氣吉星守度、主世世高科出仕、富貴綿遠、　第(箕)九度屬水、亦体用同氣、只少吉星守度、主發福稍遲、先貧後富貴

寅山申向兼艮坤、坐丙寅穿山宮位、天宗火星會局、

天宗龍位實榮華。又見文星五馬誇。奇特文章呈錦繡。

盈門朱紫佐皇家。

如山坐丙寅向對丙申、火山火向、喜巽丙丁水来朝、流庚辛乾去、巽丙為武曲、丁為槌、坤為皷、辛為祿馬門旗、乾為御街、古云、旗同祿馬上街来、五馬貴人逞英才、加之真龍貴格、五年便發、寅午戌年愈盛、十一、十八年出貴、二十六年打皷迎官誥、代々富貴、房々興隆、九代榮顯、文武兼全、若水流丙巽去

主火灾軍賊敗亡

丙寅透地納音火龍、飛禽氐土貉臨宮。坤申為石獅、宜遠峯如頓旗、

為上壬子為應龍、（宜遠聳秀峯參天、）辛戌為太陽、乙辰為食祿、（二峯宜遠高峻）丙午為武曲少微、（宜高拱高聳）諸星應位水流乾去主文武科甲、

○若此龍入首主赤砂馬骨土石或赤土而燥、

此龍係箕宿三度至箕宿八度止、 箕八度屬水用雖尅体喜体旺用衰、又有土禽制伏亦能發福而小疵亦有、 箕七度屬水係丙寅甲寅穿山分界之度、不取、 箕六度屬水、五度屬土俱犯關殺、多壽夭刑妻 箕四度屬土、為福德、又值吉星守度、主富貴壽考、青年文武科第、 箕三度屬土主富貴人丁興旺、

寅山申正向、坐戊寅穿山宮位、天貴土星官局

星臨天貴萬山宗。代代為官富石崇。金紫滿朝誰得似。兒孫及第至三公。

如山坐戊寅、向對戊申。土山土向、喜坤庚水朝、流丙巽去、再加壬乾水來會局、更吉。庚為貴人、坤為四吉、丁為三奇、丙為門旗、巽為御街、加之真龍貴格、四九年便發、申子辰年愈盛、十七年出貴、二十四年高遷、九代大發、祿福綿綿、若左水倒右、大凶。

戊寅透地納音土龍、飛禽金木狼臨宮。○申為四吉紫微、宜尖峯高聳端朝。辰為太陽、戌為食祿、二星宜体勢威嚴、遠高近低為上。午為應龍、宜小峯疊聳、子為少微、宜聳護成形。諸星應位、水流巽去、主屢世高科、先富

後貴○若係此龍入首主黄砂帶黑馬骨土石

此龍自尾宿十五度至箕二度止 箕二度屬土係丙寅戊寅穿山分界之度不取 箕一度屬土體用同氣又值吉星守度主出魁元科甲綿綿不斷當朝顯貴 尾十八度屬土亦應富貴較之上度稍次之 尾十七度屬土十六屬木木俱犯闌殺主出殘疾子孫應愚 尾十五度屬木係戊寅庚寅穿山分界之度不取

寅山申向兼甲庚坐庚寅穿山宫位天瑞木星管局

龍名天瑞細心排　果得星辰入廟来　外列公矦為輔弼
内招淑女助君才○

如山坐庚寅向對庚申木山木向喜壬乾辛水來朝流至坤去再加乙巽巽水來會局壬為貴人乾為四吉辛為三奇乙為槌巽為鼓丙為祿馬丁庚為門旗坤為御滿加之真龍貴格六年便發八年大旺亥卯未年愈盛十一十五十七年聯登及第二十一二十四二十六年主出大貴男至公卿女為妃嬪簪纓世代福蔭綿長若水流辛卯乾亥去大凶

庚寅透地納音木龍飛禽翌火蛇臨宮○午丁為騰雲宜尖峯遠拱亥壬為紫微宜端高巳丙為右弼宜遠秀戌乾為明龍宜高插青天申庚為驛馬宜遠端朝諸星應位水流坤去主位高爵顯為官清廉

○若係此龍入首主白砂馬骨土或有小石成堆

此龍自尾宿九度、至尾宿十四度止、　尾十四度屬木木會木度、喜尾宿火星陞殿、翌火飛禽輔助、二火生在寅、二木臨官在寅、真火明木秀、体用相生、又值吉星守度、主蔭狀元駙馬宰相后妃、　尾十三度、十二度、俱屬木、亦蔭大富大貴人ゝ聰俊、較十四度稍次之　尾十一度屬木、犯闌殺、主刑傷破敗、　尾十度屬金、係庚寅壬寅穿山分界之度、又犯闌殺、不取、　尾九度屬金、用剋体、爲鬼劫、縱發福亦漸凋零、房起房倒、多招入贅填房、

甲山庚向兼寅申、坐壬寅穿山宮位、天殺金星晉局、

天殺龍宮不可扦、　遭官病患絕根源、　若還得有些須福、

子息他年靠別人。

如山坐壬寅向對壬申，金山金向，金臨絕地，天殺居宮，理應不吉，就遇真龍，見辛酉庚坤水朝，流壬丁位去，只主二十六年子孫安安發財，已辛丑年旺相，福蔭不久，後漸禍至，水若流貪狼丙巽去，主忤逆少亡，官訟敗絕，禍速。

壬寅透地，納音金龍，飛禽虛日鼠臨宮。○本宮綱領不吉，不須論砂。○若係此龍入首，主赤白砂石馬骨土。

此龍自尾宿三度至尾宿八度止。　尾八度屬金，雖金山金度，而二金俱已絕在寅，体用全然無氣，如合金局水法，應眼下衣祿，尚出人狡猾，性貪不義，兄弟不睦。　尾七度六度俱屬

水、絶金又加水泄、子孫定然衰敗　尾五度属水、係壬寅正
甲穿山分界之度不取　尾四度屬水、係陰陽差錯之度、主
孤下賤混乱顛倒　尾三度俱犯關殺
甲山庚向坐正甲穿山宮位、陽明星管局
龍歸陽明立正宮　宜扦庵觀福無窮　僧人道士須安此
凡俗之家便見凶
如山坐正甲、向對正庚、係寅卯分界陰陽差錯之位、宮無星主、
流水吉凶莫辨、誤扦應子孫貧苦忤逆顛倒横禍敗絶、從遇
真龍、宜作别向、右二度半、載前壬寅透地宮内、左二度半載
後乙卯透地宮内度俱不吉

甲山庚向兼卯酉坐乙卯穿山宮位文筆水星晉局

文筆之龍最是奇　此星臨位尚孤疑　却將水火窮無度

真個無人曉此机

古云此宮與丁卯為隣丁卯納音屬火乙卯納音屬水水火最無情杆乙卯穿山不可坐丁卯透地所晉之度如山坐乙卯向對乙酉水山水向喜丁坤庚水朝入流酉辛之玄去再加壬癸水來會局最吉古云南水入朝壮水來朝文曲流去爵祿清高丁為三奇坤為四吉癸為貴人壬為武曲辛為正馬庚為貴人酉為御溝加之真龍五年便發申子辰年愈盛七九十五十八年出貴二十六年顯榮房房大旺富貴長遠若

水流坤申乾亥去、冲破生旺、應主凶禍、

乙卯透地納音水龍飛禽柳土獐臨宮　丁未為明龍宜圓峯高聳

乾亥為天祿宜星峯巍峩勢雄為上　前宜一字玉几案々外喜文筆聳秀端朝諸星應位水流辛酉去主神童及第○若係此龍入首主樸色土油潤如瀅

此龍自心宿三度至尾宿二度止　尾二度屬水係陰陽差錯之度主癆病瞎啞六根不全日久敗绝　尾一度屬水体用比和如合水局水法主藝術之人發財若扦庵觀神佛顯靈

心六度屬水係正甲乙卯穿山分界之度不取　心五度四度俱屬水皆得吉星守度又喜宿星守度主聰明過人少

年科第爵禄清高人財並茂　心三度屬水犯關殺主孤寡殘疾

卯山酉向兼甲庚坐丁卯穿山宮位文秀火星管局文秀龍宮出貴人　高官顯爵蔭名臣　九星入廟天緣格鐵面冰心輔聖君

如山坐丁卯向對丁酉火山火向喜丙丁巽水来朝流庚辛乾去巽丙為武曲丁為禮坤為鼓辛為禄馬門旗乾為御街加之真龍貴格四五年便發寅午戌年愈盛九年大旺十七十八二十四年二十六年出貴代代為朝臣水流坤去應九流三教人財興旺

丁卯透地、納音火龍、飛禽房日兎臨宮。○戌辛為太陽、宜遠拱、小峯未丁為左輔、宜高秀、申坤為右弼、宜秀峯遠拱、酉庚為騰雲、宜遠拱、乾亥為驛馬、宜低阜重々灣拱遠、宜高峯似馬為上、諸星應位、水流乾去、主兄弟父子同科。○若係此龍入首、主黃泥燥土。

此龍係房宿三度至心宿二度止。 心二度屬土、犯關殺、主夭壽、瞎眼滅亡。 心一度屬土、係乙卯丁卯穿山分界之度、不取。 房六度屬土、[redacted]体生用謂之福德主富貴人丁大旺。 房五度屬土、又加陽德吉宿守度、房宿房禽陞殿、主兄弟父子同科及第。 房四度屬土、三度屬木、俱犯關殺、主刑傷破敗。

卯山酉正向、坐己卯穿山宮位、青寶土星晉局。

亢

寶龍宮位有威儀　入廟兒孫着紫衣　內出九流僧與道
聯科及第拜丹墀

如山坐巳卯向對巳酉土山土向喜丁坤庚水來朝與壬癸乾水交會於酉流酉辛之玄而去丁為三奇坤為四吉庚癸為貴人壬乾為武曲辛為正馬酉為御溝加之真龍貴格明堂寬大水口緊狹五七年便發申子辰年愈盛九年大富十五十八年高科及第二十六年貴顯九代大發富貴双全男女鄧義水若過辛流乾去應九流僧道興旺流亥壬子去主窮

巳卯透地納音土龍飛禽娄金狗臨宮　未為明龍（宜秀峯高聳）亥為天祿（宜星峯高秀）前宜一字玉几案、外喜文筆端秀冲天為

主諸砂應位水流酉辛去主富貴神童　若係此龍入首主白砂馬骨土或白泥土

此龍自氐宿十三度至房宿二度止　房二度屬木係丁卯乙卯穿山分界之度不取　房一度屬木論用剋体理應不吉此度反能為福者何也蓋体屬仕用屬木木娶金屬金金能剋木則木変為禽之財禽係土之子禽因体生而制用有力用被禽剋而自應不暇体持子勢遂任己施為又值天官吉星守度主高科及第蔭聰明俊雅名聞後世富貴綿遠　氐十六度屬木應産神童富貴較之上度稍處其次　氐十五度屬木犯空亡亦能發福但吉凶兼半若龍賤砂水不合定出

九流僧道　氐十四度屬木主財祿豐足陰人掌家　氐十三度屬木係巳卯辛卯穿山分界之度不取

卯山酉向兼乙辛坐辛卯穿山宮位天振木星冒局振龍位上產奇童　遍地文章錦繡叢　出仕為官卿相位定然三代受褒封

如山坐辛卯向對辛酉木山木向喜壬乾辛水來朝流至坤去壬為貴人乾為四吉丁為三奇庚為門旗坤為御街加之真龍貴格六年便發亥卯未年愈盛十一十五年出貴二十四年官居極品三代大顯房房興旺福祿綿綿若左水倒右主忤逆貧賤雷打自縊

辛卯透地、納音水龍、飛禽水〔軫〕水蚓臨宮 ○酉辛爲應龍、宜遠峯磊落遠朝端莊 巳丙爲右獬、未坤爲太陽、丑艮爲食祿、三星遠宜高聳秀麗、近宜低阜雄昂、亥壬爲紫微、宜端高拔衆、 諸星應位、水流坤去、主狀元顯貴 ○

若係此龍入首、主紫泥青沙土、

此龍自氐宿七度至氐宿十二度止、 氐十二度屬火体生用禽生体、又值生氣吉星守度、主應昴甲、官居極品、富貴顯揚 氐十一度十度俱屬火、亦蔭科甲出仕、但不如十二度三代後遂衰 氐九度屬火主小貴人財兩盛 氐八度屬火係辛卯癸卯穿山分界之度、不取、 氐七度屬火犯關殺、主癱病瞎啞敗絕、

十一

乙山辛向兼卯酉坐癸卯穿山宮位、金煞金星晉局

位居金氣是如何　猶牛切磋玉琢磨　若見天明星會廟

雙全富貴受恩多

如山坐癸卯向對癸酉喜坤庚酉辛水朝流壬癸艮去坤庚酉為武曲辛為槌為貴人乾為鼓癸為旗艮為御街加之真龍貴格池湖廣積八年便發巳酉丑年愈盛二十一二十六年出貴三十年外大富五十六年復應高科六十年貴至三公九代榮顯若右水倒左流破生旺應主敗絶

癸卯透地納音金龍飛禽危月燕臨宮　○辛酉為少微宜端聳秀乾戌為左輔宜高照　壬亥為右弼宜遠聳　未坤為食祿宜高員佐助　申庚

為天祿宜高照諸星應位水流艮去主文武顯貴○若係此龍
入首主青石襍色土
此龍自氐宿一度至氐宿六度止　氐六度屬水犯關殺主少
亡癆病鰥寡　氐五度四度俱屬水体生用文值將軍文昌
吉星守度主聰明英傑文武高科及第位至公侯發福綿遠
氐三度屬水係癸卯正乙穿山分界之度不取　氐二度
屬水一度屬土俱犯關殺主殘疾瞎眼駝背孤寡混亂敗絶

乙山辛向坐正中宮位天德星管局

星稱天德福難混　能吉能凶混世情　異姓之人雖旺相
從然富貴也傷丁

如山坐正乙向對正辛係卯辰分界陰陽差錯之位若果真龍貴格見丙丁水朝流乾去宜偏左坐甲辰透地借火局取論五年便發九年大旺十七八年出武貴一代榮顯便敗若坐癸卯透地禍速若乾亥水來流坤丁去八年遂見大禍古云得位則興失位則滅北水流南一代便絕右二度半載前癸卯透地宮內無吉度左二度半載後甲辰透地宮內只亢八度出一代武貴

乙山辛向兼辰戌坐甲辰穿山宮位隱寿火星會局

隱寿潛龍勢氣充　穀光遠達大興隆
書香不比千庸輩　富貴雙全祿位崇

如山坐甲辰向對甲戌火山火向喜午丁水朝與艮癸方會合流乾去丁為槌坤為鼓艮為四吉癸為三奇辛為祿馬門旗乾為御街加之真龍貴格五年大發寅午戌年愈盛九年十七八年科第聯捷二十四二十六年官爵顯七代榮華福壽雙全水流庚坤去福次之三代吉後稍病

甲辰透地納音火龍飛禽室火猪臨宮 ○丁未為左輔（宜高峯出衆）癸丑為明龍（宜與未峯相配）壬子為應龍（宜遠聳）辛戌為太陽（宜高照莊衆）坤辛為右弼（宜遠聳）諸星應位水流乾去主出公侯 ○若此龍入首主五色泥土或砂粉馬骨土

此龍自亢宿四度至亢宿九度止　亢九度屬土係陰陽差錯

之度主少亡孤寡貧賤　亢八度屬土又值武曲吉星守度主出武将一代榮顯　亢七度屬土係正乙甲辰穿山分界之度不取　亢六度屬土体生用又值吉星守度主科第聯捷官高爵顯代代榮華　亢五度屬土四度屬木木土相剋謂之關殺雖主少亡痨病尚能發福

辰山戌向兼乙辛坐丙辰穿山宮位顯富貴土星官局顯富星辰体格高　家藏珍玩出英豪　科名上達多如意世沐恩光着錦袍

如山坐丙辰向對丙戌土山土向喜癸壬水来與丁坤水會於酉從酉宮流去癸為貴人壬乾為武曲丁為三奇坤為四吉

辛為馬酉為御溝內湏池湖廣積明堂寬大加之真龍貴格五七年便發九年大富申子辰年愈盛十五十八年出貴二十六年定出高官五代大發若水流庚坤乾亥去主軍賊離鄉忤逆敗絕古云生旺流去不湏安子孫葬後即貧寒縱是来龍形勢好不合天星也是閑

丙辰透地納音土龍飛禽星日馬臨宮戌辛為食祿宜遠峯端朝為

上吉子壬為少微宜高聳申坤為紫微宜高秀諸星應位水流酉去主富貴雙全。若係此龍入首主白泥黃砂馬骨粉土

此龍自角宿十一度至亢宿三度止

亢三度屬木用剋体又梟神凶星占度主投河自縊刑戮

亢二度屬木係甲辰丙

辰穿山分界之度不取　亢一度屬木土固畏木而此土幸坐亢宿之中亢本屬金木臨亢宿已受金制何能逞雄土反助金毆殺〻便飯依聽命乃爲推官鬼使況土臨墓內氣鬱不伸非木疏開何能出庫故土借木而得意揚〻又值吉星守度主大富大貴少年登科職易高遷　角十三度十二度俱屬木又值吉星守度發福與亢一度相等但科甲稍緩不能與亢宿速也　角十一度屬木用剋体從發福不久

辰山戌正向坐戊辰穿山宮位隆德木星官局

龍德天星蓋世奇　子孫富貴自相宜　更加瓜瓞綿〻盛代〻恩榮信有之

如山坐戊辰向戌戌、木山木向、喜壬乾水朝流、辛庚坤去、壬爲貴人、乾爲四吉、音爲三奇、庚爲門旗、坤爲御街、加之真龍貴格、六年便發、亥卯未年愈盛、十一十五年出貴、二十四年位至公卿、九代富貴、子孫绵绵、若左水倒右、人財大敗、

戊辰透地、納音木龍、飛禽心月狐臨宮、○戊爲三奇明龍、宜聳秀齊雲　寅爲天祿宜体勢巍巍独高爲上　午爲騰雲、宜遠峯高拱　申爲驛馬　子爲官祿二星宜遠拱朝　諸星應位、水流坤去、主代代恩榮、滿門科甲、○

若係此龍入首、主粉砂馬骨土、

此龍自角宿五度、至角十度止、　角十度屬火、係丙辰戊辰穿山分界之度、不取、　角九度、角八度、俱屬火体生用、爲之福

十五

德皆值吉星守度蔭子孫代代科甲位至公卿滿門富貴
角七度屬火值空亡火喜空木嫌之幸坐角宿得木帮扶亦
主富貴多出駝背之人　角六度屬火又值吉星守度發福
與九度相等角五度屬火係戌辰庚辰穿山分界之度又犯
關殺不敢

辰山戌向兼巽乾坐庚辰穿山宮位進德金星會局
進德龍宮是福神　文官武職有聲名　才高及第兵權印
護國安邦作顯臣
如山坐庚辰向對庚戌金山金向喜坤庚辛水来朝流壬癸艮
去坤庚為武曲辛為槌乾為鼓癸為旗艮為御街加之真龍

艮山

貴格、八年便發、巳酉丑年愈盛、十七、二十一年出貴、二十六年爵顯、三十年外大富大貴、九年大發、上格龍出狀元將相、中格龍出奸猾招殺伐、若右水倒左、主外死凶禍、

庚辰透地、納音金龍、飛禽胃土雉臨宮、○申庚爲天祿、宜員峯高秀、子癸爲螣雲、宜遠照、寅甲爲驛馬、午丁爲官祿、二星宜低阜戌雄昂有情、乾爲左輔、宜高峯秀麗如筍端朗、諸星應位、水流去去、主狀元壓衆武掌兵權、○若係此龍入首、主石青黃泥土、

此龍自軫宿十七度、至角四度止、角四度屬金、犯關煞、主癆病少亡、孤寡敗絕、角三度屬金、体用同氣、主發富後貴、角二度、一度、俱屬金、金山金度、金星入廟、土禽生之、又值吉

星守度主三元及第文武全才官居極品富貴綿綿　軫十八度屬金係庚辰辰壬辰穿山分界之度不取　軫十七度屬金犯關殺主少亡敗絕立繼異姓

巽山乾向兼辰戌坐壬辰穿山宮位伏炁水星管局

伏炁龍宮有不同　一朝應驗在當躬　固知位烈三軍內
若欲悠悠別地中

如山坐壬辰向朝壬戌水山水向龍臨墓位破軍伏炁凶星多主不吉若果真龍貴格見癸壬乾亥水來與丁坤庚水會於酉從酉隱隱之玄流去主一二代發福武職馳名丁為三奇坤為四吉庚癸為貴人壬子乾亥為武曲酉為御溝五七年

便發、申子辰年愈旺、十五、二十六年出貴五十年外退若水流破生旺、主瘟火絶滅最速、

壬辰透地、納音水龍、飛禽角木蛟臨宮、乾戌為食祿宜秀峯端朝、癸子為少微宜高峯拱照庚申為紫微宜秀峯高聳如挿戟為上、諸星應位水流酉去、主一代武貴、若係此龍入首、主青石粉砂馬骨土、或青泥土、

此龍自軫宿十一度、至軫十六度止、軫十六度屬木犯闌殺主少亡寡孀敗絶、軫十五度屬木為福德、又值吉星守度蔭當代武貴顯耀、後代衰危、蓋因水体自投墓庫故也、軫十四度屬木主初代平安發財、後代凋零、軫十三度屬木、

艮

係壬辰正巽穿山分界之度不取　軫十二度屬木犯白虎殺主刑傷破敗乞丐　軫十一度屬木係陰陽差錯之度又犯闌殺主顛倒横禍孤寡淫賤

巽山乾向坐正巽穿山宮位紫微星官局

紫微之龍貴不長　禎祥喜瑞一時揚　茅簷雖有公卿出
繼後災危見少殤

如山坐正巽向對正乾係辰巳分界為陰陽差錯之位若果龍真格貴見癸癸水朝與丁坤水會於乾從乾當面之玄流去宜坐乙巳透地借火局收水五年便發十七八二十四六年應出大貴一代榮顯後即敗絕此龍貴而不久富而不長若

坐壬辰透地、即時見禍、水若過堂流坤癸去、大凶。古云、巽山何用水長纏、水若長纏禍相連、門內風聲多有損、兒孫忤逆苦憂煎。右二度半、載前壬辰透地宮內、度俱不吉、左二度半、載後乙巳透地宮內、只軫九度、值吉星、主一代大貴、

巽山乾向兼巳亥、坐乙巳穿山宮位、官庫火星管局

官庫居官祿有餘。　田園家業自豐儲　不惟族盛宗支旺、

兩府公卿指日舒。

如山坐乙巳、向對乙亥、火山火向、喜甲寅癸水來朝、與丁坤水會、合流乾宮之玄而去、甲為正馬貴人、艮為四吉、癸為三奇、丁為樵、坤為鼓、辛為正祿、壬為門旗、乾為御街、加之龍真格

貴。五年便發。九年大富。寅午戌年愈旺。十七。八年功名顯捷。二十四。二十六。三十年間爵祿高陞。九代富貴人丁大旺。水過乾流辛庚去。福不如前。古云。馬不上街。官不至。秀才空說好文章。

乙巳透地納音火龍。飛禽辟水揄臨宮。〇庚酉為騰雲。宜尖峯遠黛艮丙為紫微。宜高峯秀麗坤申為右獬。宜遠秀癸丑為明龍。宜高挿青天乾亥為驛馬。諸星應位。水流乾去。主聰登科第。為官青廉。〇若係此龍入首。主黃白砂石馬骨土。或黃白泥襍小石土。此龍自軫五度至軫十度止。　軫十度屬土。係陰差陽錯之度。又犯闌殺。主瘟瘴產難。刑剋毒獸所傷。　軫九度屬土。体生用謂之福德、又值吉星守度、主一代大貴、後須求吉易之或速改外向可保無虞、軫八度屬土、係正巽乙巳穿山分界之度不取、軫七度屬土体生用、為福德、主富貴人丁興旺、軫六度、五度、俱屬土、又值吉星守度、主聡明正直、金榜題科、官高爵顯、代〻榮華、大富大貴人丁茂盛、壽百歲

巳山亥向偏巽乾、坐丁巳穿山宮位受殺土星管局、

龍名受殺莫差訛。　俗目偏云淂入科。　不識古人真妙訣。
誰知反為巳操戈。

如山坐丁巳、向對丁亥、土山土向、逢绝地、猶若墁辟之土、宣能生物、從遇真龍、從見癸壬乾水来朝與坤申庚水交會、合流

酉

酉宮去、但主初代發財、後代絕滅、水若流破生旺去、立見瘟火、劫虜凶禍、申子辰年敗絕、

丁巳透地、納音土龍、飛禽張月鹿臨宮、○本体綱領不吉、何須論砂○若此龍入首主赤泥燥土、

此龍自翌宿十九度至軫四度止、軫四度屬火、爲印綬、主富貴長壽、但不綿遠、軫三度屬火、係乙巳丁巳穿山分界之度、不取、軫二度、一度、俱屬火、用雖生体、惜乎土絕在巳、体全無氣、縱遇火生無益、僅係初代人丁平安發財、翌二十度屬火、係螣蛇凶星守度、主瘟火少亡敗絕、翌十九度屬火、吉星守度、主初代財帛豐足、男女壽長、嗣息艱難、子孫稀少、

巳山亥正向，坐巳巳穿山宮位，德化木星照局。

德化星辰降福隆。當官坐論位三公。世臣耆碩猶喬木。爵祿綿綿享萬鍾。

如山坐巳巳向對巳亥，木山木向，喜乾壬水朝，流庚坤去，再加甲艮水來會局，為上格，甲艮為武曲，癸為馬，壬為貴人，乾為四吉，辛為三奇，庚為門旗，坤為鄉街，古云：水入中神上街去，貴因此局得高名，官為兩府朝金闕，衣錦榮歸賀太平，加之真龍貴格，六年便發，亥卯未年愈旺，十一、十五年出貴，二十四、三十二年位至三公，九代大發，房房均勻，溫厚慈孝，少年科第，水流乾壬艮去，主枉死少亡消敗。

已巳透地納音木龍、飛禽尾火虎臨宮、○亥為四吉紫微宜峯高尖秀、未為太陽、宜低阜雄昂丑為食祿、宜遠峯莊厥、酉為應龍、宜遠小峯疊疊端聳卯為少微、宜高峯拱護、諸星應位、水流坤去、主屢世高科、○若係此龍入首、主白砂馬骨土、兼有大石、

此龍自翌十三度、至翌十八度止、翌十八度屬火、係丁巳已穿山分界之度、又犯関殺、不取、翌十七度屬金、犯関殺、主少亡孤寡怯病、翌十六度屬金、木固畏金、而此木幸坐翌宿之中、翌本屬火、金已受制、又遇火禽連連、制伏木助火鼓殺、殺自皈依、金反変為催官鬼使、況值兵權吉星守度、主少年高科及第、貴至三公、文掌兵權、祿享萬鍾、富貴悠久、

翌十五度屬金、值空亡木体嫌之、雖主富貴、却招產难刑傷、
翌十四度屬金、又值黃道吉星守度、屢世登科占先、翌
十三度屬金係巳巳辛巳穿山分界之度、不取、
巳山亥向偏丙壬、坐辛巳辛山宮位、御筆金星冒局、
金星御筆貴人宮、　指日之间大運通、　家號素封財自足、
每多顯宦遇恩隆、
如山坐辛巳、向對辛亥、金山金向喜坤庚辛水来朝、流壬癸艮
去、庚為武曲、辛為槌、乾為鼓、癸為旗、艮為御街、加之真龍貴
格、八年便發、巳酉丑年愈盛、十七、二十、二十一年出貴、二十六年
爵顯、九代大發、人丁興旺、富貴兼全、古云、小神入大神、代代

出英豪右水倒左大敗

辛巳透地納音金龍飛禽昴日鷄臨宮○亥壬為右獅（宜遠峯如頻旗端朝）卯乙為應龍（遠宜聳秀近宜低雄）丑艮為太陽未坤為食神（俱宜遠峯高峻）酉辛為少微（宜端拱高聳）諸星應位水流艮去主英豪文武科甲先富後貴○若係此龍入首主紅紫土內多石或馬骨土有甘泉

自龍自翌宿七度至翌十二度止　翌十二度屬金体用同氣主富貴人丁興旺　翌十一度屬金金星入廟又值吉星守度主文武科甲巨富顯貴代代榮華　翌十度屬水体生用文值吉星守度主先富後貴科第聯捷官多在朝爵祿高崇

發福綿遠、　翌九度屬水、凶星占度、先吉後凶、家敗人亡、　翌八度屬水、係辛巳癸巳穿山分界之度、不取、　翌七度屬水、主目下人財興旺、

丙山、壬向偏巳亥、坐癸巳穿山宮位、劫殺水星官局、劫殺凶龍莫思安、　墳宅相逢家道寒、　從使當前無正敵、他年禍至勿深歡、

如山坐癸巳、向對癸亥、水山水向、水臨绝地、謂之劫殺、木星無氣、就遇真龍乾亥壬癸水朝、流艮甲去、僅主二十八年内發財、申子辰年旺相、發亦不久、三十年見禍、若水流破生旺而去、立見敗绝、

癸巳透地、納音水龍、飛禽亢金龍臨宮、〇木体綱領不吉、砂不細闹、〇若係此龍入首、主青黃泥石土、

此龍自翌宿一度、至翌六度止、　翌六度屬水五度屬土、俱犯関殺、主鰥寡聾啞官非破敗、人丁欠利　翌四度屬土、土雖彼禽泄不能傷体、惜体絶在巳、終难發達、僅主二三十年旺財、衣食豊足、乃是禽泄土之功、後代凶禍难保、　翌三度屬土、係癸巳正丙穿山分界之度、不取、　翌二度屬土、值吉星守度、主初代發福出貴、壽長清高、但無後嗣　翌一度屬土係陰陽差錯之度、主孤寡横禍敗絶、

丙山壬向坐正中穿山宮位天敗星管局

龍居天敗不堪圖。蟄蟄之兒有若無。根本傷時枝盡折。人人嗟嘆是何辜

如山坐正向、向對正壬、係巳午分界、陰陽差錯之位、若果真龍、壬癸乾水來朝、流辛酉去、宜坐癸巳透地、水局收之、亦應初年發富出貴、安樂清高、三十三年後、必主孤寡瘟火敗絶、若坐甲午透地、其禍更速、水流癸艮去、主官災橫禍、破敗立見、古云、大地多朝北、丙龍扦不得、右二度半、載前癸巳透地宮內只翌二度吉星坐度、左二度半、載後甲午透地宮位、度俱不吉、

丙山壬向偏午子、坐甲午穿山宮位、天極金星管局、

龍名天極莫矜功　百計営謀到底窮　雖或財豊人匯僻
東風吹過一場空

如山坐甲午向對甲子金山金向見庚酉辛水来朝流癸艮甲去雖武曲来朝禄存流去四吉三奇禄馬諸格全然不合縱遇真龍但應濁富而遊蕩邪淫不免人多夭壽盖因金敗于午若右水倒左易敗易滅

甲午透地納音金龍飛禽氐土貉臨宮○本体不吉砂不細開
○若係此龍入首主紅色砂泥土

此龍自張宿十三度至張十八度止　張十八度屬土係陰錯陽差之度又犯関殺主孤寡混乱牢獄刑傷敗絶　張十七

度屬木、值関殺、主少亡自縊、產难橫禍、　張十六度屬木、係正丙甲午穿山分界之度、不取、　張十五度屬木謂之財帛、又值吉星守度、理應富貴兼全、何其富而不貴、蓋本体金星、自臨沐浴桃花之宮、性多匪僻、好淫慾遊蕩、又金居火位、已先受制於人、何能超群拔萃、故主濁富壽尚不堅、　張十四度十三度、俱屬木、亦主衣食豐足、子孫多淫、

午山子向偏丙壬坐丙午穿山宮位、天厨水星會局

龍號天厨不敢欺、　初年困鈍後嘻怡、　亨通愈見福無限

家業輝煌到處稀、

如山坐丙午、向對丙子、水山水向喜壬乾癸來朝、流艮甲乙

（癸水來）

去、再加坤庚水來會局、坤為四吉、庚為貴人、辛為馬、乾壬為武曲、發為槌、艮為鼓、甲為祿、乙為旗、衆星雖然齊備、惜乎俱不能上街、不能出貴、古云、吉星朗朗空羅列、讀書難得跳龍門、加之真龍貴格、應主大富、若水不到乙在甲去、主初六年冷退、蓋甲乃水星之祿、祿不可破、破則不利、過六年便發、十三年大旺、申子辰年愈盛、二十一、三十年大富、田連阡陌、發福綿遠、代代興旺、若水流乾亥庚申去、主少亡敗絕、

丙午透地、納音水龍、飛禽奎木狼臨宮、○子壬為少微、（宜高聳）艮寅為右獨、戊辛為食祿、（二星宜遠峯端秀拱朝）諸星應位、水流甲乙去主巨富、青衿綿綿不絕、○若係此龍入首、主白粉沙馬骨土、

此龍自張宿七度至張十二度止　張十二度屬火謂之財帛又值吉星守度主財產大旺田地日增亦蔭小小官職　張十一度屬火係甲午丙午穿山分界之度不取　張十度屬火主人財興旺　張九度屬火又值吉星守度主大富田連阡陌青衿綿綿不絕子孫豪俠好義　張八度屬火主富多田業六藝入起家子孫良善　張七度屬火值関殺主刑傷破耗官災口舌

午山子正向坐戊午穿山宮位天勝火星曾局

龍位天勝果何如　代代兒孫好讀書　金榜題名相繼續　滿朝朱紫大門閭

卄五

水

如山坐戊午向對戊子火山火向喜甲艮水朝流壬乾而去甲為貴人正馬艮為四吉癸為三奇壬為门旗乾為御街加之真龍貴格四九年便發寅午戌年愈盛十七年出貴二十四三十年官居極品位至公卿狀元九代大蔟房房興旺水若過街庚坤去胄次之左水倒右主絕

戊午透地納音火龍飛禽翌火蛇臨宮○子為應龍宜員峯磊落遠朝端秀申為右弼戊為太陽辰為食祿三星遠宜高秀近宜低卑雄昂寅為紫微宜端高拔衆諸星應位水流乾去主狀元顯貴○若係此龍入首主黃紫沙馬胄土

此龍自張宿一度至張六度止

張六度屬木係丙午戊午穿

山分界之度，又犯関殺，不取。張五度屬水，天牢凶星守度，雖蔭富貴，亦主產難縲洩。　張四度三度屬水，皆值空亡，火逢空而焰大，水逢空而性速，況戊午乃天上火也，水不能剋，又火臨旺地，兼翌禽輔佐，用不能剋体，反有既濟之功，應出狀元卿相，世世科甲，官高名顯，五福兼全。　張二度屬水，吉星守度，主子孫聰明，才高及第，富貴綿綿。　張一度屬金，係戊午庚午穿山分界之度，不取。

午山子向偏丁癸，坐庚午穿山宮位，天高土星管局，

天高龍穴任君埋，　倒地翻天踏御街。
累世簪纓皆義士，　聲名不朽動人懷。

如山坐庚午向對庚子土山土向喜乾亥壬癸水朝流艮甲乙巽去再見坤庚水来會向貴極坤為四吉庚為貴人辛為馬乾亥壬為武曲癸為槌艮為鼓丑為祿乙為旗巽為御街加之真龍貴五年便發申子辰年愈十六十八〇二十六年出貴三十五年主大富大貴四十年外位居臺閣九代榮顯人丁大旺水不到巽先去福次之若流乾亥庚坤去主凶禍滅亡

庚午透地納音土龍飛禽箕水豹臨宮〇子癸為少微高秀端朝為佳丑艮為左輔宜高峯拱朝寅甲為右弼宜遠聳亥壬為天祿宜高峯秀麗戌乾為食祿宜遠峯端秀諸星應位水流巽去主文武顯貴〇若

係此龍入首、主青紅泥土、

此龍自星宿一度至星六度止、　星六度屬金、為福德、主富貴人財兩盛、　星五度屬金、凶星占度、主少亡孤寡、　星四度三度、俱屬金、体生用、值文昌紫府吉星守度、主文武科甲、公侯、臺閣出將入相、子孫蕃衍代代榮華、　星二度屬金、係庚午壬午穿山分界之度、不取、　星一度屬金與星六度相等、

丁山癸向偏午子、坐壬午穿山宮位、文魁木星管局、

壬午穿山出秀人、　文章俊麗實超群、

兒孫甲第居高爵、　滿腹經綸輔聖君、

如山坐丙午、向對壬子、木山木向、喜乙甲艮水來朝、與辛乾壬

貴

水交會于子、從子癸之玄流去、乙為馬甲艮為武曲、辛為三奇、乾為四吉、壬為養人、子為御溝加之真龍貴格、四年便發亥卯未年愈盛、九年、十五年出貴、二十一年富貴顯揚人丁茂盛、代代興隆、若水流甲卯乾亥去、主凶禍敗絕、

壬午透地、納音木龍、飛禽畢月烏臨宮。戌乾為明龍、宜高峯端秀寅甲為天祿宜体勢巍峩莊厚、子癸為官祿宜文筆插於几案之外遠朝為上諸星應位、水流子癸去、主出神童顯貴。若係此龍入首、主白沙馬骨土、或黃白泥土、

此龍自柳宿九度至柳十四度止　柳十四度屬金、用剋体凶星占度、主少亡孤寡爭訟大災　柳十三度屬土謂之財帛

正

主富貴人丁俊秀青衿舉貢不絕 柳十二度屬土吉星守
度主神童高科及第致君澤民文稱蓋世代代興隆子孫蟄
蟄 柳十一度屬土係壬午正丁穿山分界之度不取 柳
十度屬土主初代田産興旺亦蔭富貴但嗣息艰难多招立
繼 柳九度屬土係陰差陽錯之度又犯関殺主孤寡少亡
賭博淫邪敗絕

丁山癸向坐正丁穿山宮位明舉星官局
明舉之龍初莫扦 從能為福禍相連 從今識得山川脉
趨吉避禍萬事全
如山坐正丁向對正癸係午未分界陰陽差錯之位古云無龍

莫下無龍向，子孫却不旺，家富閙堆玉與金，抱養外姓人，縱
龍格出貴，甲亥水来流子宫去，坐壬午透地，借木向收水亦
出富貴，但發不久，三十年外，立主枉死少亡，當代便絕，若水
流左右去，凶禍立見，右二度半，載前壬午透地宫內，只柳十
度吉，左二度半，載後乙未透地宫內，度俱不吉。

丁山癸向偏未丑，坐乙未穿山宫位，天刼金星管局，
刼龍宫位有禎祥。掌握兵符威武揚。但是旒旄难久建。
児孫不免受灾傷。

如山坐乙未向對乙丑，金山金向喜庚辛水朝，流艮去，再加巽
乙水来會局，庚為武曲，辛為槌，乾為鼓，巽為四吉，乙為三奇

祿馬、甲癸為旗、艮為御街、加之真龍貴格主出武將掌兵權六年便發己酉丑年愈盛、十一、十五年出貴、二十一、二十六年爵顯三代大旺如無巽乙水朝出貴不顯、多招胥劫殺傷之厄龍賤亦然子癸丑艮水朝破局主外死少亡

乙未透地納音金龍飛禽房日兔臨宮○辛戌為左輔、宜奇峯列戟高聳於衆乙辰為明龍、宜與左輔相配為上甲卯為應龍、宜員峯遠立如頓鼓狀丑癸為太陽宜遠峯雄壯尊厭乾亥為右弼宜遠峯似頓旗、諸星應位、水流艮去主出武將顯榮○若係此龍入首、主紫黃鮮色土、

此龍自柳宿三度、至柳八度止　柳八度屬水係陰差陽錯之度又犯關殺主顛倒混亂少亡鰥寡破敗　柳七度屬水凶

廿九

星占度、主刑杖牢獄橫禍、少亡敗絕、 柳六度屬水、係正丁
乙未穿山分界之度、不取、 柳五度屬水、凶星古度主家敗
投河自縊逃亡、 柳四度屬水、体生用謂之福德、又值單正
吉星守度、出武將智勇兼全、統領兵符、威鎮疆場、 柳三度
屬水、係関殺、主疾厄産難、刑傷血光、

未山丑向偏丁癸、坐丁未穿山宮位天財水星官局

天財宮位産奇才、 富貴榮華自此來、 申子辰年開大運、
文魁武揔列三台、

如山坐丁未、向對丁丑、水山水向、喜乾壬癸水朝、流艮甲乙巽
去、乾壬為武曲、癸為槌、艮為皷、甲為祿馬、乙為旗、巽為御街

加之真龍貴格、五年便發、申子辰愈盛、十一、十八年出貴、二十六年、位至侍郎、官稱敵國、五代興隆、房：大旺、若水流壬亥乾去、一代便絕

丁未透地、納音水龍、飛禽妻金狗臨宮、○丑癸為左輔、宜秀峯端朝如笋天侵乾亥為天祿、宜員峯高照、卯甲為騰雲、宜遠峯端秀、巳巽為驛馬

酉庚為官祿、二星宜高臯体昂有情、諸星應位、水流巽去、主三元顯爵

○若係此龍入首、主黃沙馬骨土

此龍自井宿二十九度、至柳二度止　柳二度屬火、犯関殺、主瘠病少亡　柳一度屬火、係乙未丁未穿山分界之度、不取

鬼二度屬火、体尅用、謂之財帛、又值大魁、吉星守度、主子

孫聰俊、昂元侍郎科甲綿〻富比石崇　鬼一度屬火、亦主
科第顯榮、較上度稍次之、滿門大富、文武双全、　井三十度
屬火、積尸凶星占度、雖富貴亦主壽夭怪病、　井二十九度
屬火破耗凶星占度、雖發財亦主破敗、

未山丑正向、坐巳未穿山宮位、應福火星會局、
龍名應福不尋常。　金玉玕琅積廩倉。　子孫英才為國幹。
折桂擔爵拜君王。

如山坐巳未、向對巳丑、火山火向、喜甲艮丑癸水朝流壬乾去、
又加巽巳水來會局、甲為馬、艮為四吉、癸為三奇、壬為門旗、
乾為御街、加之真龍貴格、九年大發、寅午戌年愈盛十七年

出貴、二十四、三十年、文武科第、金馬玉堂、三十五年、富比石崇九代榮華、人〻興旺、若水流艮甲巽巳去、主敗絕、

巳未透地納音火龍、飛禽軫水蚓臨宮、◎丑為三奇明龍、宜秀峯高聳、巳為天祿、宜峯巒巍巍有情 酉為騰雲、宜低阜雄昂有情 卯為官祿、亥為驛馬二星宜遠聳高秀 諸星應位、水流乾去主滿門富貴◎若係此龍入首、主赤沙馬骨土、

此龍自井宿二十三度至井二十八度止、 井二十八度屬火、係丁未巳未穿山分界之度犯闕殺、不取、 井二十七度屬金、犯闕殺、主刑傷悪敗、 井二十六度屬金、係空亡、惟金火二星最喜、主青衿人財綿遠、 井二十五度屬金、体剋用謂

之財帛亦係空亡又值紫微吉星守度主富貴双全文武科第位居翰林世代榮華　井二十四度屬金吉星守度主先富後貴科第爵祿清高人丁蕃衍　井二十三度屬金係己未辛未穿山分界之度不取

未山丑向偏坤艮坐辛未穿山宮位金華土星會局

龍號金華自大昌　九星入廟位朝堂　能文能武無双敵

四海三邊頼一匡

如山坐辛未向對辛丑土山土向喜辛乾壬癸水朝長流艮甲乙巽去辛為馬乾壬為武曲癸為旭艮為鼓甲為祿乙為旗巽為御街加之真龍貴格應出文武全才五年便發申子辰

年愈盛、十一、十八年出貴、二十四年大顕、九代英雄、房々興旺、富貴双全、若右水倒左、大凶、

辛未透地、納音土龍、飛禽斗木獬臨宮○亥壬為天祿、宜高聳員峯卯乙為騰雲、宜端秀遠峯巳丙為驛馬、酉辛為官祿、二星宜巒端莊峯丑艮為左輔、宜端朝尖峯諸星應位、水流巽來、主昂甲英雄、文武全才○若此龍入首、主白泥沙石土、

此龍自井宿十七度、至井二十二度止、井二十二度屬金、二十一度屬木、俱係関殺主喑啞癆癩之病、井二十度屬木、木本剋土、然辛未乃路傍之土、不能容木、何以得剋、況木墓在未、喜土養在未、体旺用囚故主清貴又值吉星守度、蔭文

武高科、及第、為官清廉、代〻富貴、　井十九度屬木、亦出英雄富貴、較上度不及、　井十八度屬木、係辛未癸未穿山分界之度、不取、　井十七度屬木、主富貴人丁興旺、

坤山艮向偏未丑、坐癸未穿山宮位、紫袍木星會局、

龍號紫袍着錦衣。　鵬程萬里若騰飛。　滿懷淂意馳名遠。
伯仲成行果異稀。

如山坐癸未、向對癸丑、木山木向喜巽乙甲艮水朝、與辛乾壬水交會於子、從子癸之玄流去、巽為鼓、乙為旗、甲艮為武曲、辛為三奇、乾為四吉、壬為貴人、子為御溝、加之真龍貴格、池湖寬大、四水歸聚、龍虎迴抱、四年大發、亥卯未年愈盛、七年

得橫財九年出貴十三年大富十八二十一年大貴房〻興旺發福綿遠若水流甲卯乙壬乾去主大凶敗絕
癸未透地納音木龍飛禽觜火猴臨宮○丑艮為食祿宜端秀亥壬為紫微卯乙為少微二星宜如筆笏端聳諸星應位水流子癸去主富貴双全○若係此龍入首主襍色小黃泥砂土
此龍自井宿十一度至井十六度止　井十六度屬木体用一氣又值吉星守度主聰明科甲判斷有才仁民爱物富貴綿遠　井十五度屬火体生用為福德蔭富貴衣貢出仕為官仁厚　井十四度屬火又值吉星守度主聦登金榜位至三公富貴双全書香不絕　井十三度屬火係癸未正坤穿山

分界之度不取　井十二度屬火凶星古度主家敗人亡
井十一度屬火係陰陽差錯之度又犯闕殺主顛倒自縊忤
逆少亡孤寡敗絕

坤山艮正向坐正坤穿山宮位天寶星管局
天寶宮中是絕龍　此星先吉後為凶　初時富足雍雍意
久後凋零事事忡

如山坐正坤向對正艮係未申分界陰陽差錯之位若果真龍
見乾亥壬癸水朝流艮甲乙巽去宜坐甲申透地借水局論
五年便發十一年大旺四十九年內人財興盛平安發福五
十年外敗絕誤坐癸未透地禍速若水流壬乾亥去立主少

亡癆病誅戮右二度半載前癸未透地宮內度俱不吉左二度半載後甲申透地宮內只井九度吉

坤山艮向偏申寅坐甲申穿山宮位天仙水星官局

天仙龍位果超群　富貴兼全有令聞　拜命書懸膺顯職

一門孝義永芳芬

如山坐甲申向對甲寅水山水向喜乾亥壬癸水朝流甲乙巽去乾亥壬為武曲癸為槌艮為鼓甲為祿馬乙為旗巽為御街加之真龍貴格五年便發申子辰年愈盛十一十八年出貴二十六三十五年富貴兼隆代代孝義高科位至公卿人丁大旺發福綿遠若水倒左去大凶

甲申透地納音水龍、飛禽參水猿臨宮○丙午為應龍、宜聳秀有情 艮寅為右弼、宜遠峯如頓旗、端朝 乙辰為太陽、宜遠峯莊厚 辛戌為食祿、宜遠峯高峻、近宜低阜成形 壬子為少微、宜高峯端秀 諸星應位、水流巽巳、主大富大貴、○若係此龍入首主五色錦土、內有白石

此龍自井宿五度至井十度止 井十度屬水、係陰陽差錯之度、又犯關殺主少亡孤寡爭訟破敗 井九度屬水、体用同氣、飛禽幫扶、又臨旺地、主初代發福人財興旺、但發不久 井八度屬水、係正坤甲申穿山分界之度不取 井七度屬水、凶星占度主孤寡少亡 井六度屬水吉星守度、主科第縣令之貴子孫孝義長壽 井五度屬金、用生体、又值天官

吉星守度、主代代高科、位至公卿、刺史、人丁大旺、富貴綿遠、

申山寅向偏坤艮、坐丙申穿山宮位、遁德火星管局、

遁德龍宮福不齊。　九流三教兩相岐。　鷄窓勵志時聆捷。

奕葉聲名也自丕。

如山坐丙申、向對丙寅、火山火向、喜艮甲水朝、流癸壬乾去、再加丙巽武曲水来朝會局、明堂寬大、池湖廣蘊、上吉、艮為四吉、癸為三竒、甲為正馬貴人、壬為門旗、乾為御街、加之真龍貴格、三代大顯、四九年便發、寅。午。戌。年愈盛、十七、二十四、三十年出貴、無如巽。丙水朝、居官清貧、若生旺不能流至乾位去、主濁富不貴、龍賤多出僧道九流、若水流艮甲巽丙去、主

四五

少亡衰敗

丙申透地，納音火龍，飛禽心月孤臨宮。○寅艮為四吉，紫微宜峯高秀麗。辛戌為太陽，宜低阜雄昂。乙辰宜遠峯莊嚴。壬子為應龍，遠宜小峯疊疊高聳為貴。丙午為少微，宜峯高秀。諸星應位，水流乾去，主累世公卿富貴。○若係此龍入首，主青紫泥土。

此龍自參宿八度至井四度止。井四度屬金，体剋用，為財帛主財祿豐盛，先富後貴。井三度屬金，係甲申丙申穿山分界之度，不取。井二度屬金，主青衿人財綿綿不絕，龍賤出九流僧道。井一度參九度俱屬金，皆值吉星守度，主科甲聯捷，声名大振，富貴顯揚。參八度屬金，犯関殺，主孤寡少亡癱跛。

申山寅正向坐戊申穿山宮位、天貴土星胥局、

天貴龍名福最隆。此星絶頂孰爭雄。公侯一品臨臣庶。

文武尊榮相九重。

如山坐戊申向對戊寅、土山土向喜乾亥壬癸水來朝流甲乙巽去乾亥壬為武曲、癸為桅艮為皷甲為禄馬乙為旗巽為御街加之真龍貴格五年便發申子辰年愈盛十一十八年出貴二十六年官戢高選文居一品武應封矦福蔭九代若水倒左去大凶、

戊申透地納音土龍飛禽胃土雉臨宮。寅為石獅、宜遠峯如頽旗端朝為上午為應龍、宜聳秀軒昂辰為太陽宜遠峯高峻戌為食禄、近宜低阜成形遠宜

高峯秀麗子為武曲少微宜高峯端朝諸星應位、水流巽去、主文武顯
宦、富貴双全。〇若係此龍入首、主黄泥紅色土、
此龍自参宿二度至参七度止、参七度屬木、係丙申戊申穿山
分界之度、又犯関殺、不取、　参六度屬木、用雖剋体、木已絶
在申、死木不能剋土、論土自坐生地、兼有胃禽輔佐、体氣旺
極、又值吉星守度、主出大貴子孫聰明、文武科第、位至公侯、
富貴綿遠、　参五度屬木值空亡、木土逢之不利、雖出富貴
多無後嗣、　参四度屬木亦主科甲疊見、但不及六度顯榮
参三度屬木、犯関殺、主少亡悪死、　参二度屬土、係戊申
庚申穿山分界之度、又犯関殺不取、

括　癸

申山寅向偏庚甲、坐庚申穿山宮位、夭夭木星管局、

天夭龍宮百不宜。　驟來凶禍絕根基。　休言豐厚難傾失。

頃刻旋衰始覺危。

如山坐庚申、向對庚寅、木山木向、木臨絕地、從遇真龍、亦不能癸水流甲卯乙去、破武曲、主貧、若、流壬亥乾去、破貪狼、主絕、四年降禍、六年、十三年、招官刑軍賊、亥卯未年大敗、如卯乙寅甲水朝、流子艮去、雖主二十六年發財、而少亡惡病難免、庚申透地納音木龍、飛禽角木蛟臨宮、。本体綱領不吉、砂不須論。若係此龍入首主赤砂馬骨土、或赤泥土、

此龍自畢宿十三度至參一度止、　參一度屬土、凶星古度、主

四七

少亡逃竄刑戮大禍　觜一度屬土度吉体凶不取、畢十六度屬土体剋用為財帛、又值吉星守度理應發福、因木体绝在申、僅主初代財禄豊足、　畢十五度屬土凶星占度、主壽夭乞丐軍賊刑戮敗绝、　畢十四度屬土、係庚申壬申穿山分界之度、不取、　畢十三度屬土犯関殺主癆病残疾夭壽痴拙

庚山甲向偏申寅坐壬申穿山宮位文貴金星當局

文貴龍宮福禄多、綠衣爵弁實儇哉、　萬人之上一人下、
濟濟師師並入科、

如山坐壬申向對壬寅、金山金向喜丙巽乙水来朝、流艮寅甲

去、丙為貴人、巽為四吉、乙為三奇祿馬、甲為門旗、艮為御街、
加之真龍貴格、六年便發巳酉丑年愈盛、十一、十五年出貴、
二十四年高陞、官居極品、富貴綿綿、世代科甲不絕、人丁大
旺、古云、祿馬貴人重重照、子孫代代皆榮耀、水若左來右去、
三代便絕、
壬申透地、納音金龍飛禽牛金牛臨宮、　癸子為騰雲、遠宜尖峯高朝
近宜低阜雄昂　巳丙為紫微、宜高峯秀麗　壬亥為右弼、宜遠秀　乙辰為明龍、
宜高聳端朝　甲寅為驛馬、宜遠端厎朝　諸星應位、水流艮去、主兄弟聦
登金榜、為官清廉、○若係此龍入首、主黃土及五色粉土、
此龍自畢宿七度至畢十二度止、　畢十二度屬水、犯関殺主

惡疾跛足、畢十一度、十度俱屬水体生用、為福德、皆值吉星守度、主子孫聰俊、才學過人、應出天子門生、屢世科甲、官居一品、位列公卿、富貴双全、人丁茂盛、畢九度屬水、係壬申正庚穿山分界之度、不取、畢八度屬水、主初代財旺、子孫聰明逞能、畢七度屬水、係陰陽差錯之度、又犯関殺、主少亡孤寡飢寒凍餒

庚山甲向、坐正庚穿山宮位、死敗星管局、

龍名死敗若戈矛、斬伐箕裘似水流、雖有財能身凍餒

遭殃被禍若狗囚、

如山坐正庚向對正甲、係申酉分界、為陰陽差錯之位、此宮殺

祿

多從遇真龍亦不發福誤扦主顛倒橫禍飢寒凍餒虛驚見怪逃亡敗絶如巽丙水来流艮去宜坐壬申透地借金局收水主發一時古云三十四年间稍有錢過後退田園右二度半載前壬申透地宮内只畢八度發一時左二度半載後乙酉透地宮内無吉度

庚山甲向偏酉卯坐乙酉穿山宮位天成水星管局

天成龍位產賢儒　業盛家昌鼓瑟竽　貨殖無心財寶積
中堂旋至出訏謨

如山坐乙酉向對乙卯水山水向若遇真龍貴格見乾壬癸水来朝流甲乙巽去乾壬為武曲癸為榿艮為鼓甲為驛馬乙

為旗、巽為御街、五年便發、申子辰年愈盛、十一、十八年出貴、二十六年官爵顯、七代科甲、若坤丁水來、流乙甲艮去、又加壬癸水來會局、坤為四吉、丁為三奇、合此格、主大富大貴、九年便發、十七年大貴、二十四年官陞極品、打鼓迎官誥、古云、小神中神入大神、子孫一定出朝臣、若水流艮去、復旋轉折流甲乙巽宮、福力更大、代代榮華、富貴綿遠、古云、重重幾折御街去、萬世公卿享此祿、若巽丙水來流癸壬去便凶、主酒色賭博敗家、

乙酉透地、納音水龍、飛禽井木犴臨宮、○乙辰為太陽、宜小峯聳聚遠

高為癸丑為左輔、宜高峯秀麗艮寅為右弼、宜秀峯遠照甲卯為騰雲

上、

宜遠峯端朝〔小字〕巽巳為驛馬、〔近宜低阜重〻護衛 遠宜天馬高聳為上〕諸星應位、水流巽去主父子兄弟同科、○若係此龍入首、主黄白赤砂馬骨土或襍色小黄土

此龍自畢宿一度至畢六度止、　畢六度屬火、係陰差陽錯之度、又犯関殺、主牢獄刑杖、孤寡夭敗絕、　畢五度屬火、凶星占度、禍與上度等、　畢四度屬火、係正庚乙酉穿山分界之度、不取、　畢三度屬火、体埜用、為財帛、主人丁財富、亦出小職官貴、　畢二度一度俱屬火、值天皇八座吉星守度、應子孫蕃衍、滿門科第、位列公卿、世代顯榮、富貴兼全、房〻興旺、

酉山卯向偏庚甲、坐丁酉穿山宮位、天孤水星管局、

天孤龍位殺星逢、　貴既难成富復空、　或有顯荣随敗滅、
孤兒寡婦免搥胸、

如山坐丁酉向對丁卯、火山火向、若見丁丙巽水過堂、流甲寅艮去、破貪狼、雖發財易絶、若丑艮寅甲水過堂、流巽丙丁去破武曲、主子孫下賤貧苦、如遇真龍、見癸艮甲水來朝、與丁丙巽水交會於卯、從外位當面之玄流去、亦主先敗、七年稍旺、九年發福、十五、十八年財旺、龍貴出貴、水命人應、此宮雖合貴格、因火龍死在酉、雖發不能長久、三十三年後、定然退敗、況天孤星守宮、多主孤寡、金命最不利、

乙

丁酉透地、納音火龍、飛禽尾火虎臨宮○本体倜領不吉、砂格不開、○若係此龍入首、主黃沙馬骨土、兼有小石成堆、

此龍自昴宿六度、至昴十一度止、　昴十一度屬木、用生体、為印綬、主人財興旺、　昴十度屬木、係己酉丁酉穿山分界之度、不取、　昴九度、八度、七度、俱屬木、主初代富貴興旺、久後不利、　昴六度屬木、犯関殺、主子息艱难、刑剋最重、孤寡敗絕、

酉山卯正向、坐巳酉穿山宮位、天運土星官局、

龍居天運氣清明○　振起聲名遠近驚○　润屋輝宗家道盛○
児孫代々位公卿○

如山坐巳酉向對巳卯土山土向喜壬癸水朝流巽去壬為武曲癸為槌艮為鼓甲為祿馬乙為旗巽為御街加之真龍貴格四五年便發申子辰年愈盛十一十八年出貴二十六年官職顯房〻興旺代〻紫紫滿門清貴應出朝官侍郎九代榮華若水流壬子癸去主顛倒貧困

巳酉透地納音土龍飛禽昴日雞臨官○辰為太陽宜小峯叢聚遠高為上吉丑為左輔宜高峯秀麗寅為右獅宜高峯遠照卯為騰雲宜遠峯端朝巳為駟馬近宜低阜重〻遠宜高峯似馬諸星應位水流巽去主父子兄弟同科○若係此龍入首主黃砂馬骨粉土

此龍自胃宿十五度至昴五度止　昴五度屬土係丁酉巳酉

穿山分界之度、不取、　昴四度、三度、二度、俱屬土、体用一氣、
昴禽昴宿聚會同宮、齊齊入垣昇殿、俱值黃道吉星守度、主
蔭公卿、世代科甲、滿門朱紫、富貴高壽、子孫千億、內二度值
空亡、但刑傷小疵亦有、不為大害、玄女云、巳酉山下多榮貴、
世代為官爵祿崇、　昴一度屬土、犯関殺、主刑剋消敗、　胃
十五度屬水、係巳酉辛酉穿山分界之度、犯関殺、出聾啞、
酉山卯向偏辛乙、坐辛酉穿山宮位、天戕木星晉局、
天戕龍宮祿位崇。　為官指日至三公。　滿門朱紫人人羨。
不僅田園作富翁。
如山坐辛酉、向對辛卯、木山木向、喜艮甲乙水來朝、流內丁坤

去、艮甲為武曲、乙為槌、巽為鼓、丙為祿馬、丁為旗、坤為御街、加之真龍貴格、八年便發、十七年出貴、二十一年富貴双全、二十六年位至三公、七代榮華、若水不到街先去、主才高不第、古云、馬不上街官不至、秀才空說好文章、水倒左去大凶、

辛酉透地、納音木龍、飛禽亢金龍臨宮、○卯乙為少微、宜高峯秀、辰巽為左輔、宜高照、巳丙為右弼、宜遠峯端秀、寅甲為天祿、宜高聳、丑艮為食祿、宜高峯端秀、諸星應位、水流坤去、主文武顯貴○若係此龍入首、主黄白砂石馬骨土、或黄白坭土、

此龍自胃九度至胃十四度止、　胃十四度屬水、凶星占度、主刑傷破敗、官災橫禍、　胃十三度屬水、為印綬、主財穀豐富、

子孫多壽、　胃十二度、十一度、俱屬水、又值吉星守度、蔭少
年科第、官至三公、代代福壽兼全、　胃十度屬金、係辛酉癸
酉穿山分界之度、不取、　胃九度屬金、用剋体、主僧道壽堅、
辛山乙向偏酉卯、坐癸酉穿山宮位、天權金星會局、
天權龍位產神童。　繼世高科爵祿崇。　麟趾繩繩聰俊品。
佩紳縉笏面君容。
如山坐癸酉、向對癸卯、金山金向、喜丙巽水朝、流甲寅艮去、丙
為貴人、巽為四吉、乙為三奇祿馬、甲為門旗、艮為御街、加之
真龍貴格、六年便發、巳。酉。丑。年愈盛、十一、十五年出貴、二十四年
官職高陞、五代大顯、神童及第、若水流巽丙去、少亡凶禍、

癸酉透地納音金龍飛禽女土蝠臨宮〇乙卯為應龍宜秀峯磊落遠朝端莊亥壬為右弼艮丑為太陽坤未為食祿三星遠宜高峯秀麗近宜低阜雄昂丙巳為紫微宜端聳拔聚諸星應位水流艮去主狀元顯貴〇若係此龍入首主黃赤土

此龍自胃宿三度至胃八度止　胃八度七度俱屬金体用同氣皆值吉星守度主富貴双全子孫聰俊文章蓋世神童及第掌握重權世代朱紫　胃六度屬土用生体又值吉星守度發與上二度相等　胃五度屬土係癸酉正辛穿山分界之度不取　胃四度屬土主人財興盛易發易敗　胃三度屬土犯関殺又值陰陽差錯之度主少亡孤寡敗絕

辛山乙向、坐正辛穿山宮位、破祿星管局、

龍名破祿無真結。此位營謀便絕滅。任是眼前乘駿馬。

三句五載謹防跌。

如山坐正辛、向對正乙、係酉戌分界、為陰差陽錯之位、若丁丙巽水來朝、與艮甲水會於卯、從卯乙之玄流去、宜坐甲戌透地、借火局收水、僅主十八年、平安發財、三十年後、顛倒退敗、此位火氣未絕、不能常保無禍、若水流丙巽甲艮去、主子孫遊蕩忤逆敗絕、右二度半、載前二度癸酉透地宮內、度不吉、

右二度半、載後甲戌透地宮內、只罰一度稍吉、

辛山乙向偏戌辰、坐甲戌穿山宮位、天尾火星管局、

穴居天尾動人驚、日後身榮顯大名、弓馬詩書聰俊子、
合家倉庫悉盈盈、

如山坐甲戌、向對甲辰火山火向、喜丙丁巽水來朝、與癸艮甲水交會於卯、從卯宮之玄流去、艮為四吉、癸為三奇、丁為貴人、甲為馬、巽為武曲、卯為御溝、加之真龍貴格、七年便發、九年大旺、寅午戌年愈盛、十五年出貴、十八年大富、二十六年、富貴榮顯、文武双全、五代大發、房房興隆、此宮火臨墓地、為破軍、主初年凶禍、乃破軍凶氣發泄故也、若乙卯當面水來、流甲艮去、主孤寡自縊溺亂少亡、流丙丁去、主離鄉貧苦、

甲戌透地、納音火龍、飛禽虛日鼠臨宮、○乙辰為食祿、宜秀峯端朝、

苦

艮寅為紫微、丙午為少微、二星宜峯高如笏如戟、諸星應位、水流卯去主大富文武科甲○若係此龍入首主赤砂馬骨土、

此龍自婁宿九度、至胃二度止、　胃二度屬水、係陰差陽錯之度、又犯関殺、主投河自縊、牢獄横禍敗绝、　胃一度屬水、用雖剋体、水臨胃宿、胃本屬土、水已受制於土、又加吉星守度、主初代衣食豐足、後难守成、　婁十二度屬水、係正辛甲戌穿山分界之度、不取、　婁十一度、十度、俱屬水、又加婁金生之剋体力重、主破敗離鄉、孤寒绝滅、　婁九度屬金、体剋用、為財帛、又值吉星守度、主田連阡陌、文武高科出仕、房房興旺、

富

戌山辰向偏辛乙、坐丙戌穿山宮位、天庫土星管局、

天庫龍宮發福溥、　前程高拔光宗祖、　財源滾〻少同儔、

廣譽紛〻孰是伍、

如山坐丙戌、向對丙辰、土山土向、喜壬癸水朝過堂、與丁坤水来交會、合流巽去、壬為武曲、癸為槌、艮為皷、甲為祿馬、坤為四吉、丁為三奇、乙丙為旗、巽為御街、加之真龍貴格、五年便發、九年大旺、申子辰年愈盛、十一、十七、八年、双〻及第、二十四年高陞、二十六年大發、發福悠久、代〻荣華、若甲乙巽丙水来破局、主離鄉軍賊、瘟疫死亡、若流丁未坤去、主絕、

丙戌透地納音土龍、飛禽鬼金羊臨宮、○丑癸為左輔、宜秀峯高過於

衆、
未丁為明龍、宜與丑峯相配午丙為應龍、辰乙為太陽、二星宜遠朝、寅、
艮為右弼、宜遠聳、諸星應位、水流巽去、主出公侯、○若係此龍
入首、主白砂馬骨土、或白黃泥土、
此龍自婁宿三度至婁八度止、　婁八度屬金、体生用、為福德、
又值吉星守度、主富貴、官至外郎諫議大夫、才高德厚、世代
興隆、　婁七度屬金、係甲戌丙戌穿山分界之度、不取、　婁
六度、五度、俱屬金、主巨富、人丁興旺、　婁四度屬金、吉星守
度、主子孫双〻科第、位列公侯、富堪猷國、人旺壽堅、發福悠
久、　婁三度屬金、犯関殺、主産厄刑傷、跛足缺唇、逃亡流竄、
戌山辰正向、坐戌戌穿山宮位、遊蕩木星會局、

穴居遊蕩真狼毒。　男女卑微忍恥辱。　雖有家資空滿堂。
始終名喪誠难償。

如山坐戊戌、向對戊辰、未山未向、見艮甲卯乙水来朝、流巽丙丁去、来自玄武、去由廉貞、他宮逢之最吉、獨此宮不然、偏應下賤發福、蓋戊戌乃魁罡地、網殺星、謂之遊蕩、縱遇真龍、吉水合局、平民誤塟、初年横禍敗家、必使良為賤、男奴女妓、靠人便發、二十六年、三十二年、應得横財起家、三十九年大富、子孫大旺、若娼僕塟後、人財遂旺、並不降禍、若未丁午丙水来、流卯甲艮去、主盜賊乞丐、投軍敗绝、
戊戌透地、納音木龍、飛禽箕水豹臨宮、○本体下賤、不載砂格、

○若係此龍入首、主黄黑砂粗石馬骨土、
此龍自奎宿十五度至婁二度止、　婁二度屬火、係丙戌戌戌穿山分界之度、又犯関殺、不取、　婁一度屬火、惜乎戌戌乃平地木也、不宜火楚、又臨魁罡地網之宮、自然降禍、必為妓為奴、方脱此難、幸喜天倉吉星守度、故應下賤發福、屢得横財起家、金銀滿室、子孫衆多、　奎十八度、十七度、俱屬火、值空亡、主刑獄自溢敗絶、　奎十六度屬火、主平安興旺、不及婁一度、　奎十五度屬火、係戊戌庚戌穿山分界之度、不取、
戌山辰向偏乾巽、坐庚戌穿山宮位、金藏金星管局、
金藏龍宮是富豪、　更兼子息耀宗祧、　早登甲第朝金闕、

後代栄華復駕鰲。

如山坐庚戌向對庚辰金山金向、喜丙巽水朝、流乙甲艮去、丙為貴人巽為四吉、乙為三奇祿馬、甲為門旗、艮為御街、加之真龍貴格、六年便發、巳酉丑年愈盛、十一、十五、二十四年、重重出貴、三十年、双提入朝堂、七代科第、富貴双全、加坤申水来會局更美、水若流巽丙坤去、逃亡破敗、

庚戌透地、納音金龍、飛禽畢月烏臨宮。辰巽為三奇明龍、(宜秀峯高朝)申庚為天祿、(宜高峯拱朝)子癸為騰雲、(遠宜高峯秀麗近宜低阜成形)寅甲為驛馬、午丁為官祿、(二星宜遠秀端莊)諸星應位、水流艮去、主滿门科甲。若係此龍入首、主黄白砂石馬骨土、

此龍自奎宿九度、至奎十四度止、奎十四度屬火、用剋体、主刑傷破敗、奎十三度屬木、体剋用、為財帛、主人財大旺、亦能出貴　奎十二度屬木、吉星守度、主大富大貴、代代登科及第、位至公卿、發福綿遠、　奎十一度屬木、發福稍次上度、奎十度屬木、係庚戌壬戌穿山分界之度、不取、奎九度屬木、凶星占度、主刑妻剋子、人丁不旺、

乾山巽向偏戌辰、坐壬戌穿山宮位、印庫水星當局

龍名印庫福誠儒。　科甲爭先咏有裴。　珍玩無窮藏府庫。
興隆世代恒全美。

如山坐壬戌、向對壬辰、水山水向、喜癸壬艮水来朝、與庚坤丁

水交會合流巽去癸為樞艮為鈸甲為祿馬庚為貴人坤為四吉丁為三奇乙丙為門旗巽為御街加之真龍貴格五年便發九年大旺申子辰年愈盛十一十七十八年出貴二十四二十六年間富貴並隆代代榮華房房興旺發福悠久古云御街水去出文貴廉貞去水應出武若當面巽丙乙水來朝主凶禍冷退

壬

戌透地納音水龍飛禽氏土貉臨宮○艮丑為佐輔宜峯高過衆坤未為明龍宜與艮配午丁為應龍宜遠聳巽艮為太陽宜遠朝莊嚴甲寅為右獮宜遠峯秀諸星應位水流巽去主出公侯○若此龍入首主黃黑杉砂馬骨土

此龍自奎宿三度至奎八度止、　奎八度屬火、体剋用、為財帛、主大富田地廣、亦出貴　奎七度、六度俱屬火、皆值吉星守度、富貴双全、高科及第、位居極品、世代栄華　奎五度屬火、係壬戌正乾穿山分界之度、不取　奎四度屬火、主發福旺財、虛名不貴、　奎三度屬火、係陰陽差錯之度、主孤寡破敗逃竄、

乾山巽向坐正乾穿山宮位、死氣星管局、

星名死氣非佳穴、坐視兒孫都早滅、　就遇真龍或暫興、回頭便以湯潑雪。

如坐坐正乾、向對正巽、係戌亥分界、陰差陽錯之位、見庚坤丁

五九

水来朝、流巽乙去、宜坐壬戌透地、借水局論、可保三十年、平安吳旺、後主痨病少亡消敗、誤坐乙亥透地禍速、可見病死水来、立見敗絕、右二度半、載前壬戌透地宮内、只奎四度稍吉、不久、左二度半、載後乙亥透地宮内、無吉度、

乾山巽向兼亥巳、坐乙亥穿山宮位、天刑火星管局、天刑龍位休称頌、　四十餘年有悔痛、　縱使良田千萬坵、將来敗盡終何用、

如山坐乙亥、向對乙巳、火山火向、若見丁丙巽水来朝、與艮寅甲水交會、合流夘乙而去、加之真龍貴格、僅主一二代富足、五年得氣、九年便發、寅午戌年旺、十八、二十六年间得横財、

工

三十年後、人丁大旺、四十年外、見血光刑傷、八十年內定消條、若艮無甲水來、三十年定絕、若流巽丙丁去、主貧窮少亡、牢獄離鄉

乙亥透地、納音火龍、飛禽危月燕臨宮、○本体無氣、砂格不開○若係此龍入首、主白砂馬骨土、或白黃坭土帶小石、

此龍自壁宿七度至奎二度止、　奎二度屬火、係陰錯陽差之度、主少亡孤寡敗絕、　奎一度屬木凶星古度、主癀瘇瘋癱殘疾、　壁十度屬土、係正乾乙亥穿山分界之度、不取、　壁九度屬土、主人丁興旺、衣食堪足、　壁八度屬土、吉星守度、主一二代大發、淂橫財田地、人丁茂盛、後須急求吉地救之、

卒

壁七度屬土、凶星占度、主少亡殘疾消條、

亥山巳向偏乾巽、坐丁亥穿山宮位、天官土星管局、

天官位下皇恩渥。　禮樂詩書宣木鐸。　科第傳家多顯揚。

爵高祿重旋陞閣。

如山坐丁亥、向對丁巳、土山土向、喜庚坤~~壬~~丙丁來朝、流巽去、庚為貴人、坤為四吉、丁為三奇、丙為門旗、巽為御街、再加艮丑癸水來會最吉、癸為槌、艮為鼓、甲為祿馬、古云、癸丑艮水巧拱龍、庚坤二水喜相逢、曲朝交會流巽去、方知地理奪神功、加之真龍貴格、五年便發、九年大旺、申子辰年愈盛、十一年富貴兼全、十七八年聯登及第、二十四年高陞、二十六、三十

年入相發福綿遠代〻榮華、水過巽流甲去、主武貴、水倒右流丁坤去、大凶、

丁亥透地、納音土龍、飛禽柳土獐臨宮、◎卯甲為騰雲、宜尖峯遠聳、坤申為紫微、宜峯高秀麗、寅艮為右弼宜遠峯端秀未丁為明龍、宜高峯齊天、巳巽為驛馬、宜遠峯端朝、諸星應位、水流巽去、主聯登科第、為官清廉、◎若係此龍入首主赤泥夾石土、

此龍自壁一度至壁六度止、壁六度屬土、五度屬水、俱犯關殺、主少亡產厄、惡病凶禍壁四度屬水、主先富後貴、人丁大旺、田地廣置福壽双全壁三度、二度、俱屬水、皆值吉星守度、蔭子孫世代科甲、位列三公、女封一品富貴綿〻、壁

一◎度屬水、與前四度相同、

亥山巳向、坐正巳亥穿山宮位、生福木星官局、

龍稱生福多文彩。　年少為官真樂愷。　名播四方身出顯。

財藏滿屋如滄海。

如山坐巳亥、向對巳巳、木山木向喜艮甲乙水来朝、流丙丁坤去、艮甲為武曲、乙槌槌、巽為鼓、丙為禄馬、丁為旗、坤為御街、加之真龍貴格、八年便發、亥卯未年愈盛、十七、二十一、二十六年出貴、三十年大富、代代興隆、水流丙丁去主一代富足、三十九年大旺、五十年後衰敗、水流乙甲去、主子孫貧窮、

巳亥透地、納音木龍、龍禽斗木獬臨宮、◎巳為右弼宜遠峯端朝、　酉

為應龍、宜峯秀端莊未為太陽、宜遠峯莊嚴丑為食祿、遠宜高峯、近宜低阜卯為
少微、宜高峯秀麗諸星應位、水流坤去、主富貴双全○若係此龍
入首、主赤砂馬骨土或赤泥帶石土

此龍自室宿十二度至室十七度止　室十七度屬水、係丁亥
己亥穿山分界之度、不取　室十六度屬木、体用飛禽一氣
自坐長生、又值吉星守度、主少年科第、名播四方、富比石崇、
代代榮華、　室十五度、十四度、俱屬木、係空亡、亦主富貴、但
嗣息艱難、多出跎子、　室十三度屬木、值斧鉞吉星守度、主
巨富顯貴、聰明科甲、戢掌重權、發福綿遠、　室十二度屬木、
係己亥辛亥穿山分界之度、不取

亥山巳向偏壬丙、坐辛亥穿山宮位、金明金星官局、

明龍体貴照乾坤。　及第聯翩子復孫。　貴在三御富並國、

年高百歲擬崑崙。

如山坐辛亥、向對辛巳、金山金向、喜巽丙水朝、流甲艮去、或從

午丁去亦吉、又加庚坤水來會局、庚坤為武曲、丙為貴人、巽

為四吉、乙為三奇、甲為門旗、午為御溝、艮為御街、加之真龍

貴格、主聰明才子、少年及第、六年便發、巳酉丑年愈盛、十一

十五年出貴、二十四年位至公卿、三十九年富可敵國、世世

聯芳、房房興旺、人人壽高、發福綿遠、若水流坤庚去、主淫邪

少亡貧賤、

辛亥透地、納音金龍、飛禽觜火猴臨宮。○巳丙為紫微、宜高峯秀麗、艮丑為太陽、宜低阜雄昂、未坤為食祿、宜秀峯端厚、卯乙為應龍、宜尖高遠、酉辛為少微、宜高峯端厚、諸星應位、水流艮去、主屢世科第。○若係此龍入首、主白紅夾石润色土、

此龍自室宿六度、至室十一度、　室十一度屬木、十度屬金、俱犯関殺、主癆病少亡爭訟　室九度屬金、体用合氣、又值天皇吉星守度、主大富大貴、神童科甲、狀元王侯卿相、富貴綿遠、世代官祿不絕、　室八度屬金、亦主先富後貴、子孫聰明人丁大旺、較九度次之、　室七度屬金、係辛亥癸亥穿山分界之度、不取、　室六度屬金、茯福與八度相等、

六三

壬山丙向偏亥巳、坐癸亥穿山宮位、天富水星會局

天富龍宮佩組綬。威名嚇嚇財豊厚。出謀發慮展才能。孝子忠臣無出右。

如山坐癸亥、向對癸巳、水山水向喜庚坤丁水來朝、流巽去、庚為貴人、坤為四吉、丁為三奇、丙為門旗、巽為御街、加之真龍貴格、九年便發申、子辰年愈盛、十七年出貴、二十四年貴入廊廟、爵祿高崇、九代榮華、孝義水若過巽流甲去、主初代六年退削、十一年大旺、蓋甲為祿馬、水破祿位、馬不上街、甲與卯同宮、卯數六、故初六年不利、若水倒右去、大凶

癸亥透地、納音水龍、飛禽房日兎臨宮。乙卯為騰雲、宜尖峯遠聳

庚申為紫微、宜峯高秀　甲寅為右弼、宜遠秀　坤未為明龍、宜端高　巳丙為驛馬、宜遠峯特朝　諸星應位水流巽去、主兄弟聯科、為官清廉

○若係此龍入首、主黃白泥夾石土

此龍自危宿十六度至室五度止　室五度屬金四度屬火俱犯闌殺、主刑傷破敗、孤寡少亡　室三度屬火、為財帛、又值吉星守度、主子孫忠孝、少年科第、官至尚書、代代榮華富貴綿遠　室二度屬火、係癸亥正壬穿山分界之度、不取　室一度屬火、主人丁財富、子孫清高、但發不久　危十六度屬火、係陰差陽錯之度、又犯闌殺、主疾病少亡、孤寡敗絶

壬山丙向、坐正壬穿山宮位、死人星管局、

死人龍位勿搜尋。可恨庸師枉用心。破敗不堪人早喪。
金針渡世實情深。

如山坐正壬，向對正丙，係亥子分界，陰陽差錯之位，此宮無定主，吉凶水法莫辨，犴此主瘟火少亡，惡獸相傷敗絕，若見庚坤水來流巽去，果係真龍，宜坐癸亥透地，借水局收之，可發一代，後亦顛倒，少亡大凶，右二度半，載前癸亥透地宮內，只室一度稍吉，左二度半，載後甲子透地宮內，只危十一度稍吉。

七十二龍穿山透地水法秘訣終

坐向對度便覽

子	午	丑	未	寅	申
危十五度對	張十八度	女五度對	柳八度	斗五度對	井十度
危十四度對	張十七度	女四度	柳七度	斗四度	井九度
危十三度對	張十六度	女三度	柳六度	斗三度	井八度
危十二度	張十五度	女二度對	柳五度	斗二度	井七度
危十一度	張十四度	女一度	柳四度	斗一度	井六度
危十度	張十三度	牛七度	柳三度	箕九度對	井五度
危九度	張十二度	牛六度	柳二度	箕八度	井四度
危八度對	張十一度	牛五度對	柳一度	箕七度	井三度

危七度對張十度　牛四度對鬼二度　箕六度對井二度
危六度　張九度　牛三度　鬼一度　箕五度　井一度
危五度　張八度　牛二度　井三十度　箕四度　參九度
危四度　張七度　牛一度　井廿九度　箕三度　參八度
危三度　張六度　斗廿三度　井廿八度　箕二度　參七度
危二度　張五度　斗廿二度　井廿七度　箕一度　參六度
危一度　張四度　斗廿一度　井廿六度　尾十八度　參五度
虛九度　張三度　斗二十度　井廿五度　尾十七度　參四度
虛八度　張二度　斗十九度　井廿四度　尾十六度　參三度
虛七度　張一度　斗十八度　井廿三度　尾十五度　參二度

虛六度對　星六度　斗十七度對　井廿二度　尾十四度對　參一度
虛五度　星五度　斗十六度　井廿一度　尾十三度　觜一度
虛四度　星四度　斗十五度　井二十度　尾十二度　畢十六度
虛三度　星三度　斗十四度　井十九度　尾十一度　畢十五度
虛二度　星二度　斗十三度　井十八度　尾十度　畢十四度
虛一度　星一度　斗十二度　井十七度　尾九度　畢十三度
女十一度　柳十四度　斗十一度　井十六度　尾八度　畢十二度
女十度　柳十三度　斗十度　井十五度　尾七度　畢十一度
女九度　柳十二度　斗九度　井十四度　尾六度　畢十度
女八度　柳十一度　斗八度　井十三度　尾五度　畢九度

女七度對柳十度　斗七度　井十二度　尾四度對畢八度
女六度　柳九度　斗六度　井十一度　尾三度　畢七度
卯　酉　辰　戌　巳　亥
尾二度對畢六度　亢九度對胃二度　軫十度對奎二度
尾一度　畢五度　亢八度　胃一度　軫九度　奎一度
心六度　畢四度　亢七度　婁十二度　軫八度　壁十度
心五度　畢三度　亢六度　婁十一度　軫七度　壁九度
心四度　畢二度　亢五度　婁十度　軫六度　壁八度
心三度　畢一度　亢四度　婁九度　軫五度　壁七度
心二度　昴十一度　亢三度　婁八度　軫四度　壁六度

心一度對昴十度　亢二度對婁七度　軫三度對壁五度
房六度　昴九度　亢一度　婁六度　軫二度　壁四度
房五度　昴八度　角十三度　婁五度　軫一度　壁三度
房四度　昴七度　角十二度　婁四度　翌二十度　壁二度
房三度　昴六度　角十一度　婁三度　翌十九度　壁一度
房二度　昴五度　角十度　婁二度　翌十八度　室十七度
房一度　昴四度　角九度　婁一度　翌十七度　室十六度
氐十六度　昴三度　角八度　奎十八度　翌十六度　室十五度
氐十五度　昴二度　角七度　奎十七度　翌十五度　室十四度
氐十四度　昴一度　角六度　奎十六度　翌十四度　室十三度

氐十三度對胃十五度　角五度對奎十五度　翌十三度對室十二度
氐十二度　胃十四度　角四度　奎十四度　翌十二度　室十一度
氐十一度　胃十三度　角三度　奎十三度　翌十一度　室十度
氐十度　胃十二度　角二度　奎十二度　翌十度　室九度
氐九度　胃十一度　角一度　奎十一度　翌九度　室八度
氐八度　胃十度　軫十八度　奎十度　翌八度　室七度
氐七度　胃九度　軫十七度　奎九度　翌七度　室六度
氐六度　胃八度　軫十六度　奎八度　翌六度　室五度
氐五度　胃七度　軫十五度　奎七度　翌五度　室四度
氐四度　胃六度　軫十四度　奎六度　翌四度　室三度

氐三度對胃五度　軫十三度對奎五度　翌三度對室二度

氐二度　胃四度　軫十二度　奎四度　翌二度　室一度

氐一度　胃三度　軫十一度　奎三度　翌一度　危十六度

計三百六十對度終

七十二穿山龍歌訣

巳丑壬寅丁巳出。癸巳甲午庚申同。丁酉戊戌乙亥地。

庚辛乾壬艮甲宮。乙丙丁坤穿山位。就遇真龍也欠通。

雖然癸巽初代美。乙未壬辰豈善終。

五行長生法用定例

金生在巳。火生在寅。木生在亥。水土生居申。

納音五行定例

甲子乙丑海中金。丙寅丁卯爐中火。戊辰己巳大林木。
庚午辛未路傍土。壬申癸酉劍鋒金。甲戌乙亥山頭火。
丙子丁丑澗下水。戊寅己卯城頭土。庚辰辛巳白臘金。
壬午癸未楊柳木。甲申乙酉井泉水。丙戌丁亥屋上土。
戊子己丑霹靂火。庚寅辛卯松柏木。壬辰癸巳長流水。
甲午乙未沙中金。丙申丁酉山下火。戊戌己亥平地木。
庚子辛丑壁上土。壬寅癸卯金箔金。甲辰乙巳覆灯火。
丙午丁未天河水。戊申己酉大驛土。庚戌辛亥釵釧金。
壬子癸丑桑柘木。甲寅乙卯大溪水。丙辰丁巳沙中土。

戊午己未天上火。　庚申辛酉石榴木。　壬戌癸亥大海水。

占筮類			
1	擲地金聲搜精秘訣	心一堂編	沈氏研易樓藏稀見易占秘鈔本
2	卜易拆字秘傳百日通	心一堂編	
3	易占陽宅六十四卦秘斷	心一堂編	火珠林占陽宅風水秘鈔本
星命類			
4	斗數宣微	【民國】王裁珊	民初最重要斗數著述之一；未刪改本
5	斗數觀測錄	【民國】王裁珊	失傳民初斗數重要著作
6	《地星會源》《斗數綱要》合刊	心一堂編	失傳的第三種飛星斗數
7	《斗數秘鈔》《紫微斗數之捷徑》合刊	心一堂編	珍稀「紫微斗數」舊鈔
8	斗數演例	心一堂編	秘本
9	紫微斗數全書（清初刻原本）	題【宋】陳希夷	斗數全書本來面目；有別於錯誤極多的坊本
10-12	鐵板神數（清刻足本）——附秘鈔密碼表	題【宋】邵雍	無錯漏原版 秘鈔密碼表 首次公開！
13-15	蠢子數纏度	題【宋】邵雍	蠢子數連密碼表 打破數百年秘傳 首次公開！
16-19	皇極數	題【宋】邵雍	清鈔孤本附起例及完整密碼表 研究神數必讀！
20-21	邵夫子先天神數	題【宋】邵雍	附手鈔密碼表 研究神數必讀！
22	八刻分經定數（密碼表）	題【宋】邵雍	皇極數另一版本；附手鈔密碼表
23	新命理探原	【民國】袁樹珊	子平命理必讀教科書！
24-25	袁氏命譜	【民國】袁樹珊	
26	韋氏命學講義	【民國】韋千里	民初二大命理家南袁北韋
27	千里命稿	【民國】韋千里	
28	精選命理約言	【民國】韋千里	北韋之命理經典
29	滴天髓闡微——附李雨田命理初學捷徑	【民國】袁樹珊、李雨田	命理經典未刪改足本
30	段氏白話命學綱要	【民國】段方	民初命理經典最淺白易懂
31	命理用神精華	【民國】王心田	學命理者之寶鏡

32	命學探驪集	【民國】張巢雲	發前人所未發 稀見民初子平命理著作
33	澹園命談	【民國】高澹園	
34	算命一讀通——鴻福齊天	【民國】不空居士、覺先居士合纂	
35	子平玄理	【民國】施惕君	
36	星命風水秘傳百日通	心一堂編	
37	命理大四字金前定	題【晉】鬼谷子王詡	源自元代算命術
38	命理斷語義理源深	心一堂編	稀見清代批命斷語及活套
39－40	文武星案	【明】陸位	失傳四百年《張果星宗》姊妹篇 千多星盤命例　研究命學必備
相術類			
41	新相人學講義	【民國】楊叔和	失傳民初白話文相術書
42	手相學淺說	【民國】黃龍	民初中西結合手相學經典
43	大清相法	心一堂編	重現失傳經典相書
44	相法易知	心一堂編	
45	相法秘傳百日通	心一堂編	
堪輿類			
46	靈城精義箋	【清】沈竹礽	沈氏玄空遺珍 玄空風水必讀
47	地理辨正抉要	【清】沈竹礽	
48	《玄空古義四種通釋》《地理疑義答問》合刊	沈瓞民	
49	《沈氏玄空吹虀室雜存》《玄空捷訣》合刊	【民國】申聽禪	
50	漢鏡齋堪輿小識	【民國】查國珍、沈瓞民	
51	堪輿一覽	【清】孫竹田	失傳已久的無常派玄空經典
52	章仲山挨星秘訣（修定版）	【清】章仲山	章仲山無常派玄空珍秘 門內秘本首次公開 沈竹礽等大師尋覓一生未得之珍本！
53	臨穴指南	【清】章仲山	
54	章仲山宅案附無常派玄空秘要	心一堂編	
55	地理辨正補	【清】朱小鶴	玄空六派蘇州派代表作
56	陽宅覺元氏新書	【清】元祝垚	簡易・有效・神驗之玄空陽宅法
57	地學鐵骨秘　附　吳師青藏命理大易數	【民國】吳師青	釋玄空廣東派地學之秘
58－61	四秘全書十二種（清刻原本）	【清】尹一勺	玄空湘楚派經典本來面目 有別於錯誤極多的坊本

占筮類			
121	卜易指南(二種)	【清】張孝宜	民國經典，補《增刪卜易》之不足
122	未來先知秘術——文王神課	【民國】張了凡	內容淺白、言簡意賅、條理分明
星命類			
123	人的運氣	汪季高(雙桐館主)	五六十年香港報章專欄結集！
124	命理尋源	【民國】徐樂吾	民國三大子平命理家徐樂吾必讀經典！
125	訂正滴天髓徵義		
126	滴天髓補註 附 子平一得		
127	窮通寶鑑評註 附 增補月談賦 四書子平		
128	古今名人命鑑		
129-130	紫微斗數捷覽(明刊孤本)[原(彩)色本] 附 點校本 (上)(下)	馮一、心一堂術數古籍整理編校小組 整理	明刊孤本 首次公開！
131	命學金聲	【民國】黃雲樵	民國名人八字、六壬奇門推命
132	命數叢譚	【民國】張雲溪	子平斗數共通、百多民國名人命例
133	定命錄	【民國】張一蟠	民國名人八十三命例詳細生平
134	《子平命術要訣》《知命篇》合刊	【民國】鄒文耀、【民國】胡仲言 撰	《子平命術要訣》科學命理；《知命篇》易理皇極、命理地理、奇門六壬互通
135	科學方式命理學	閻德潤博士	匯通八字、中醫、科學原理！
136	八字提要	韋千里	民國三大子平命理家韋千里必讀經典！
137	子平實驗錄	【民國】孟耐園	作者四十多年經驗 占卜奇靈 名震全國！
138	民國偉人星命錄	【民國】囂囂子	幾乎包括所民初總統及國務總理八字！
139	千里命鈔	韋千里	失傳民初三大命理家-韋千里 代表作
140	斗數命理新篇	張開卷	現代流行的「紫微斗數」內容及形式上深受本書影響
141	哲理電氣命數學——子平部	【民國】彭仕勛	命局按三等九級格局、不同術數互通借用
142	《人鑑——命理存驗·命理擷要》(原版足本)附《林庚白家傳》	【民國】林庚白	傳統子平學修正及革新、大量名人名例
143	《命學苑苑刊——新命》(第一集)附《名造評案》《名造類編》等	【民國】林庚白、張一蟠等撰	史上首個以「唯物史觀」來革新子平命學結集
相術類			
144	中西相人採原	【民國】袁樹珊	按人生百歲，所行部位，分類詳載
145	新相術	【美國】孛拉克福原著、【民國】沈有乾編譯	通過觀察人的面相身形、色澤舉止等，得知性情、能力、習慣、優缺點等
146	骨相學	【民國】風萍生編著	結合醫學中生理及心理學，影響近代西、日、中相術深遠
147	人心觀破術 附運命與天稟	【日本】管原如庵、加藤孤雁原著，【民國】唐真如譯	觀破人心、運命與天稟的奧妙

148	《人相學之新研究》《看相偶述》合刊	盧毅安	集中外大成，無不奇驗；影響近代香港相術名著
149	冰鑑集	【民國】碧湖鷗客	各家相法精華、相術捷徑、圖文並茂附名人照片
150	《現代人相百面觀》《相人新法》合刊	【民國】吳道子輯	失傳民初相學經典二種　重現人間！
151	性相論	【民國】余晉龢	民初北平公安局專論相學與犯罪專著（犯罪學生物學派）
152	《相法講義》《相理秘旨》合刊	韋千里、孟瘦梅	命理學大家韋千里經典、傳統相術秘籍精華
153	《掌形哲學》附《世界名人掌形》《小傳》	【民國】余萍客	圖文并茂、附歐美名人掌形圖及生平簡介
154	觀察術	【民國】吳貴長	可補充傳統相術之不足
堪輿類			
155	羅經消納正宗	【明】沈昇撰、【明】史自成、丁孟章合纂	失傳四庫存目珍稀風水古籍
156	風水正原	【清】余天藻	●積德為求地之本，形家必讀！ ●純宗形家，與清代欽天監地理風水主張大致相同
157	安溪地話（風水正原二集）		
158	《蔣子挨星圖》附《玉鑰匙》	【清】蔣大鴻等傳	窺知無常派章仲山一脈真傳奧秘
159	樓宇寶鑑	吳師青	陽宅風水必讀、 現代城市樓宇風水看法改革
160	《香港山脈形勢論》《如何應用日景羅經》合刊		香港風水山脈形勢專著
161	三元真諦稿本──讀地理辨正指南	【民國】王元極	被譽為蔣大鴻、章仲山後第一人 內容直接了當，盡揭三元玄空家之秘
162	三元陽宅萃篇		
163	王元極增批地理冰海　附批點原本地理冰海	【清】高守中　【民國】王元極	
164	地理辦正發微	【清】唐南雅	極之清楚明白，披肝露膽
165-167	增廣沈氏玄空學　附　仲山宅斷秘繪稿本三種、自得齋地理叢說稿鈔本(上)(中)(下)	【清】沈竹礽	玄空必讀經典！附《仲山宅斷》幾種鈔本及批點本，畫龍點睛、披肝露膽，道中刊印本未點破的秘訣
168-169	巒頭指迷(上)(下)	【清】尹貞夫原著、【民國】何廷珊增訂、批注	圖文并茂：龍、砂、穴、水、星辰九十九變 洩漏天機：蔣大鴻、賴布衣挨星秘訣及用法
170-171	三元地理真傳(兩種)(上)(下)	【清】趙文鳴	蔣大鴻嫡派真傳張仲馨一脈二十種家傳秘本、宅墓案例三十八圖，並附天星擇日
172	三元宅墓圖　附　家傳秘冊		
173	宅運撮要	【民國】尤惜陰（演本法師）、榮柏雲	撮三集《宅運新案》之精要
174	章仲山秘傳玄空斷驗筆記　附　章仲山斷宅圖註	【清】章仲山傳、【清】唐鷺亭纂	無常派玄空不外傳秘中秘！二宅實例有斷驗及改造內容
175	汪氏地理辨正發微　附　地理辨正真本	【清】蔣大鴻、姜垚原著、【清】汪云吾發微	
176	蔣大鴻家傳歸厚錄汪氏圖解	【清】蔣大鴻、【清】汪云吾圖解	蔣大鴻嫡派張仲馨一脈三元理、法、訣具體泄露 三百年來最佳《地理辨正》註解！石破天驚！
177	蔣大鴻嫡傳三元地理秘書十一種批注	【清】蔣大鴻原著、【清】汪云吾、【清】劉樂山註	

178	《星氣(卦)通義(蔣大鴻秘本四十八局圖并打劫法)》《天驚秘訣》合刊	題【清】蔣大鴻 著	江西興國真傳三元風水秘本
179	蔣大鴻嫡傳天心相宅秘訣全圖附陽宅指南等秘書五種	【清】蔣大鴻編訂、【清】汪云吾、劉樂山註	蔣大鴻徒張仲馨秘傳陽宅風水「教科書」！
180	家傳三元地理秘書十三種		真天宮之秘 千金不易之寶
181	章仲山門內秘傳《堪輿奇書》附《天心正運》	【清】章仲山傳、【清】華湛恩	直洩無常派章仲山玄空風水不傳之秘
182	《挨星金口訣》、《王元極增批補圖七十二葬法訂本》合刊	[民國]王元極	秘中秘——玄空挨星真訣公開！字字千金！
183-184	《家傳三元古今名墓圖集附謝氏水鉗》《蔣氏三元名墓圖集》合刊(上)(下)	(清)孫景堂，劉樂山，張稼夫	蔣大鴻嫡傳風水宅案、幕講師、蔣大鴻、姜垚等名家多個實例，破禁公開！
185-186	《山洋指迷》足本兩種 附《尋龍歌》(上)(下)	【明】周景一	風水巒頭形家必讀《山洋指迷》足本！
187-196	蔣大鴻嫡傳水龍經注解 附 虛白廬藏珍本水龍經四種(1-10)	【清】蔣大鴻編訂、【清】楊臥雲、汪云吾、劉樂山註	蔣大鴻嫡傳一脈授徒秘笈 希世之寶 千年以來，師師相授之秘旨，破禁公開！完整了解蔣氏嫡派真傳一脈三元理、法、訣！附已知最古《水龍經》鈔本等五種稀見《水龍經》
197	批注地理辨正直解	【清】章仲山	無常派玄空必讀經典未刪改本！
198	《天元五歌闡義》附《元空秘旨》(清刻原本)		
199	心眼指要(清刻原本)		
200	華氏天心正運	【清】華湛恩	
201-202	批注地理辨正再辨直解合編(上)(下)	【清】蔣大鴻原著、【清】姚銘三再註、【清】章仲山直解	失傳姚銘三玄空經典重現人間！名家：沈竹礽、王元極推薦！
203	章仲山注《玄機賦》《元空秘旨》附《口訣中秘訣》《因象求義》等九種合刊	【清】章仲山	近三百年來首次公開！ 章仲山無常派玄空秘密，和盤托出！章仲山注《玄機賦》及章仲山原傳之口訣及筆記
204	章仲山門內真傳《三元九運挨星篇》《運用篇》《挨星定局篇》《口訣篇》等合刊	【清】章仲山、柯遠峰等	
205	章仲山門內真傳《大玄空秘圖訣》《天驚訣》《飛星要訣》《九星斷略》《得益錄》等合刊	【清】章仲山、冬園子等	
206	撼龍經真義	吳師青註	近代香港名家吳師青必讀經典
207	章仲山嫡傳《翻卦挨星圖》《秘鈔元空秘旨》 附《秘鈔天元五歌闡義》	【清】章仲山傳、【清】王介如輯撰	透露章仲山家傳玄空嫡傳學習次弟及關鍵不傳之秘
208	章仲山嫡傳秘鈔《秘圖》《節錄心眼指要》合刊		
209	《談氏三元地理大玄空實驗》附《談養吾秘稿奇門占驗》	【民國】談養吾撰	史上首次公開「無常派」下卦起星等挨星秘密之書
210	《談氏三元地理濟世淺言》附《打開一條生路》		了解談氏入世的易學卦德爻象思想
211-215	《地理辨正集註》附 《六法金鎖秘》《巒頭指迷真詮》《作法雜綴》等(1-5)	【清】尋緣居士	集《地理辨正》一百零八家註解大成精華匯巒頭及蔣氏、六法、無常、湘楚等秘本史上最大篇幅的《地理辨正》註解
216	三元大玄空地理二宅實驗(足本修正版)	【民國】尤惜陰(演本法師)、榮柏雲撰	三元玄空無常派必讀經典足本修正版

217	蔣徒呂相烈傳《幕講度針》附《元空秘斷》《陰陽法竅》《挨星作用》	【清】呂相烈	蔣大鴻門人呂相烈三元秘本 三百年來首次破禁公開！
218	挨星撮要（蔣徒呂相烈傳）		
219-221	《沈氏玄空挨星圖》《沈註章仲山宅斷未定稿》《沈氏玄空學（四卷原本）》合刊（上中下）	【清】沈竹礽 等	揭開沈氏玄空挨星五行吉凶斷的變化及不同用法 章仲山宅斷未刪本、沈氏玄空學原本佚文、玄空挨星圖稿鈔本 大公開！
222	地理穿透真傳（虛白廬藏清初刻原本）	【清】張九儀	三合天星家宗師張九儀畢生地學精華結集
223-224	地理元合會通二種（上）（下）	【清】姚炳奎	分發兩家（三元、三合）之秘，會通其用 詳解注羅盤（蔣盤、賴盤）；義理、斷驗俱精
其他類			
225	天運占星學 附 商業周期、股市粹言	吳師青	天星預測股市，神準經典
226	易元會運	馬翰如	《皇極經世》配卦以推演世運與國運
三式類			
227	大六壬指南（清初木刻五卷足本）		六壬學占驗課案必讀經典海內善本
228-229	甲遁真授秘集（批注本）（上）（下）	【清】薛鳳祚	明清皇家欽天監秘傳奇門遁甲 奇門、易經、皇極經世結合經典
230	奇門詮正	【民國】曹仁麟	簡易、明白、實用，無師自通！
231	大六壬探源	【民國】袁樹珊	民初三大命理家袁樹珊研究六壬四十餘年代表作
232	遁甲釋要	【民國】徐昂	推衍遁甲、易學、洛書九宮大義！
233	《六壬卦課》《河洛數釋》《演玄》合刊		疏理六壬、河洛數、太玄隱義！
234	六壬指南（【民國】黃企喬）	【民國】黃企喬	失傳經典 大量實例
選擇類			
235	王元極校補天元選擇辨正	原【清】謝少暉輯、【民國】王元極校補	三元地理天星選日必讀
236	王元極選擇辨真全書 附 秘鈔風水選擇訣	【民國】王元極	王元極天昌館選擇之要旨
237	蔣大鴻嫡傳天星選擇秘書注解三種	【清】蔣大鴻編訂、【清】楊臥雲、汪云吾、劉樂山註	蔣大鴻陰陽二宅天星擇日日課案例！
238	增補選吉探源	【民國】袁樹珊	按表檢查，按圖索驥：簡易、實用！
239	《八風考略》《九宮撰略》《九宮考辨》合刊	沈瓞民	會通沈氏玄空飛星立極、配卦深義
其他類			
240	《中國原子哲學》附《易世》《易命》	馬翰如	國運、世運的推演及預言